野村の「眼」

弱者の戦い

野村克也

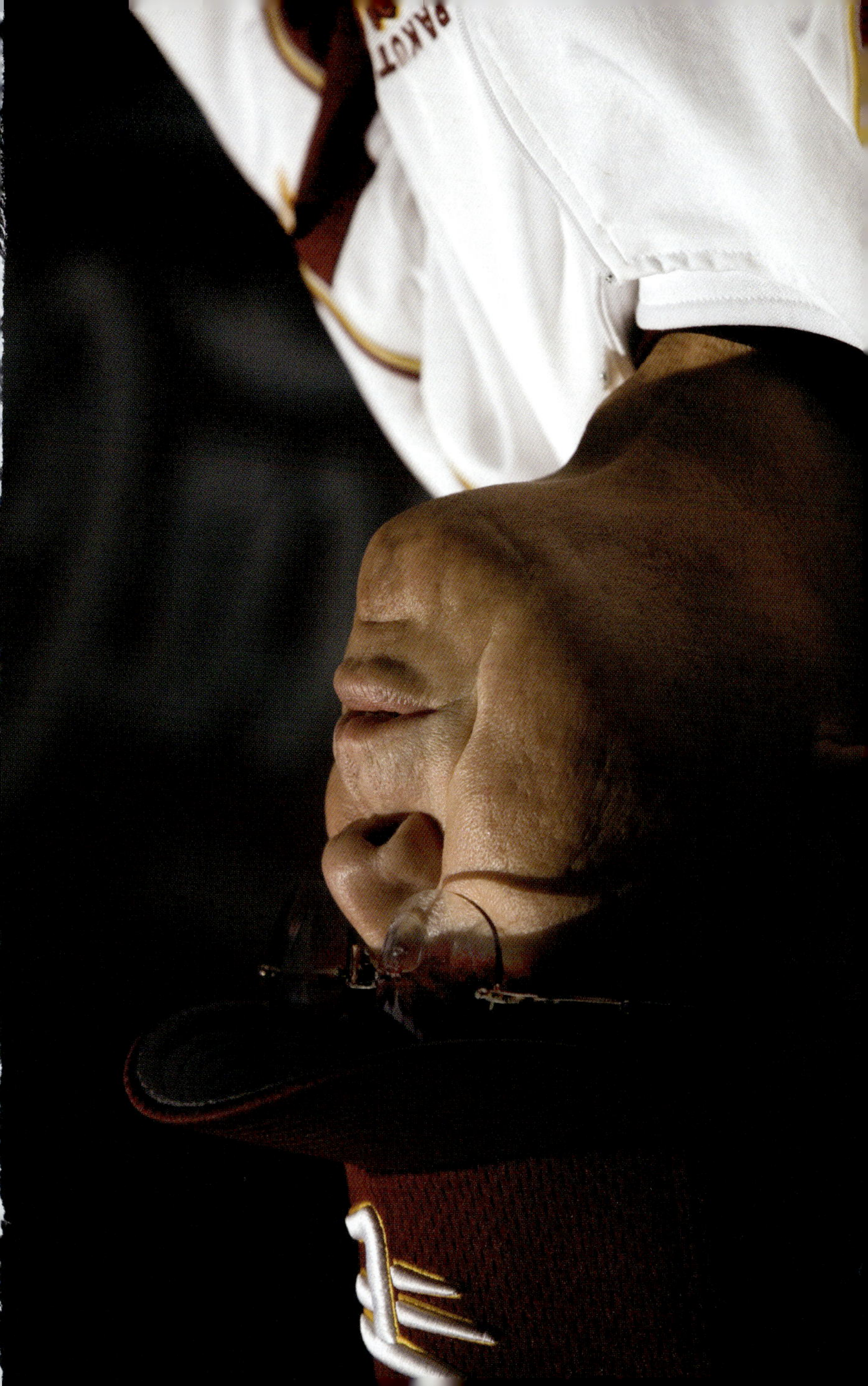

EAGLES 試合速報、選手コメントは
公式携帯サイトへ
m.rakuteneagles.jp
RECARO
KITA DENSHI

BASEBALL

野村の「眼」

――弱者の戦い

野村克也

はじめに

二〇〇八年、楽天監督就任三年目の戦いがはじまる。

私は十八歳で球界に身を投じ、半世紀以上の馬齢を重ねた。

球界以外の組織に属したことがない私がプロ野球監督という立場から、現代のリーダーの条件や組織論、情報戦略について物語る資格がほんとうにあるか、はなはだ自信がない。

私が唯一誇れるのは、テスト生として入団した南海ホークス新人時代一年目のシーズンオフに解雇通告を受け「もし、クビなら帰りに南海電鉄に飛び込みます」と球団マネージャーに哀願した十八歳の青年の、野球への凄まじい執念を、今日までもち続けたという自負である。

信は万物の基を成す。

二〇〇七年十一月、仙台でおこなった秋季キャンプ最終日に、私は選手たちに以下の監督訓示をおくった。多少なりとも読者の皆様にご参考になれば甚《はなは》だ幸い、と思いここに記したい。

「一年戦ってきて僅《わず》かな慰めは、最下位から四位になったことである。これには、俺もみんなも満足していない。

一流は、決して現状に、満足も妥協も限定もしない。王や長嶋、イチローがそうだ。天才が努力するから凄いことが起きるのだ。

優勝するためにどうするか。若い力の底上げ、それにベテランが刺激を受ける。その相乗効果だ。若い力がチームにエネルギーを与える。その自覚を持って来シーズンに向かって欲しい。

敵を知り、己を知る。そこから〝プロの戦い〟がはじまるのだ。

それには各々自分の立場、力を認識して欲しい。

ここは勝負、実力、競争の世界。力以外、何物もない。それには努力しかない。オフの過ごし方が重要だ。オフの成果が来シーズンに出る。俺もそうだったが、充実したオフの次の年は必ずいい成績が残るものである。ちょっとした油断、楽をすると必ずツケが回ってくる。今年はもう終わったものだ。この秋季キャンプもそうだが、あとは来年のために何をするか認識して欲しい。グラウンドではみんな同じ練習。グラウンドを離れてからの過ごし方、生活が大きな競争のポイントだ。

また、「限界」という言葉を簡単に口に出して言うな、結論を急ぐな。本当にやるべきことをやって、入団時からバットを振りまくって、理想を求めてやっていって、どうしても結果が出ない段階ではじめて「技術的限界」と言えるのだ。やることもやらないで「限界」などと言うな。お前、バットを何回振った？　そんなこともせずに、逃げるな。挑戦、挑む心をなくしたら終わりだ。この世界は「これでいい」ということは絶対あり得ない。今年が終われば、また来年からスタートする。そういうことを考えたときに、軽々と「限界」などと口にするな。ほんとうに限界かどうかというのは、打ちのめされた人間しか言ってはいけない言葉だ。「未熟」と「限界」の判断を誤らないことだ。

進歩とは何か――〝長所を鍛えるは短所を捨てる〟俺は違うような気がする。〝長所を伸ばすは短所を鍛える〟と俺は心がけてきた。短所と長所のギャップがあると、短所が長所さえも殺してしまう。技術面でのギャップを少なくするのが、このキャンプの課題だ。自分の欠点や短所を直す姿勢をもっと示して欲しい。チームも三年目になる。石の上にも三年と言うが、ゼロからの出発、寄せ集めでチームをつくって、その間、ドラフトなど新戦力の獲得もあったが、まだまだ優勝には力が足りない。そのために何が必要か。俺は、この三年は基礎づくりと認識していた。本当の出発は二〇〇八年からだ。こういう節目の年を迎える。本腰を入れて〝優勝〟を意識していく。最低でもAクラス。プレーオフ。そして優勝のチャンスが自ずと巡ってくる。

士は己を知る者のために死す、と故事にある。

俺も監督就任三年目で節目の年、有終の美を飾ってグラウンドで死んでもいい覚悟だ。最低限Aクラスを目指して頑張っていこう」

やや夜郎自大な我田引水になったが、本書は半世紀のときを必死で野球に身を投じた私の韜晦《とうかい》と弱者の戦いの球史の一端を示したものである。

二〇〇八年三月

野村克也

野村の「眼」　目次

アートディレクション
長友啓典
ブックデザイン
三田村邦亮＋K②
構成
阿部珠樹
写真
小池伸一郎
協力
楽天野球団

第一章

反骨心をもて

――「月見草」という名の草魂

最下位からの出発

我ながら、つくづく貧乏性だなと思うことがある。私は一九七〇年に南海ホークスのプレーイングマネージャーになって以来、東京ヤクルトスワローズ、阪神タイガース、そして現在の東北楽天ゴールデンイーグルスと四球団で監督をやらせてもらった。しかし、引き受けたチームはみんな最下位ばかりなのだ。

南海はかつてはパ・リーグを代表する強豪チームだったが、私が選手兼任監督に就任する前年の一九六九年、球団創設以来初の最下位に転落していた。阪神は一九八五年の初優勝のあと長い低迷が続き、「ダメ虎」の呼び名が定着していたし、新球団としてスタートした楽天は、私が就任する前の年、シーズン九十七敗、勝率が三割にも届かないという記録的な負け方で一年を終えていた。

ただひとつ、前年最下位になっていなかったヤクルトにしても、私が就任する以前の十シーズンで、最下位が四回、五位が二回、Aクラスは一度だけという万年Bクラスの弱小チームだった。

監督が交代するのはチームが危機の時といわれるが、それにしても、これほど最下位のチームを引き受けてきた監督も、そうはいないだろう。

「監督は、どうして最下位のチームばかり引き受けるんですか」

そんなことを尋ねてくる人もいる。どうして、と言われても答えに窮するが、きっと、そういう星の下に生まれているのだろう。最下位球団から声がかかる貧乏性という星。

父の死、病身の母

私は一九三五（昭和十）年六月、京都府竹野郡網野《あみの》町（現・京丹後市）に生まれた。日本海に面した丹後ちりめんの産地として有名なところだ。私の家は、父・要市が小さな食料品店を経営していた。店の名前は野村の野と要市の要からとり、「野要商店」といった。母のふみは店を手伝いながら、看護師の資格を生かして助産師もやっていた。子どもは私と兄・嘉明《よしあき》のふたり。

父は私が三歳のとき、出征していた中国で戦病死した。だから、父の記憶はほとんどない。兄と私、幼いふたりの息子たちを抱え、母は懸命に働いた。その苦労が響いたのか、私が小学校二年生のときに子宮ガンに冒《おか》されてしまった。あるとき、体の不調を感じ、「これはガンではないか」とピンとくるものがあって検査を受けに行った。そこでガンが見つかったのだ。看護師の資格を持っていて、医学知識があったので、それが早期発見につながった。「予備知識は重いほどいい、先入観は軽いほどいい」などと言うが、まさにそれだったのだ。

早く処置したおかげで子宮ガンからは回復したが、運悪く翌年、今度は直腸ガンになってしまった。今から思えば、戦前の医学でよく助かったと思うが、なんとか一命を取り留めたものの、元気なときのように働くことはできない。店を閉めざるを得なくなり、父のいない家計は日増しに苦しくなっていった。

タンスの中の着物が一枚、また一枚と消えてゆく。そのうちタンスがなくなる。鏡台もなくなる。家の中ががらんとしてくる。

貧しくても、母が明るい顔で元気に働いていれば、少しは気休めになったかもしれない。しかし、二度のガンを経験し、母は家に引き籠《こも》りがちになってしまった。極端に外出を嫌った。体が大変だったことに加え、人工肛門など当時の感覚では人前に出るのが憚《はばか》られるようなものを身に付けていなければならないので、無理もなかったろう。

何とか母を楽にさせてやりたい。

私たち兄弟は、幼い頃から、家計を助けるためにさまざまな仕事をした。

幼い頃の一番強烈な思い出は、月見草だ。月見草は海に近い砂まじりの土地に咲く、可憐な花である。私の家は、自分のところで食べるために、海に近い空き地に畑を作っていた。空き地といっても砂だらけの痩せた土地で、誰も畑にしようなどとは思わないところである。そこに勝手にワラを敷いて肥料にし、サツマイモを作る。昼間はワラを被せて日差しから守り、夕方にはそれを取っておく。翌日、日差しが強くなると、また畑に行って覆《おお》い被せる。その繰り返しの日々である。そんな苦労をして出来上がるのは、わずか親指ぐらいの太さのサツマイモである。それでも食糧難だったあの時代、我が家にとっては貴重な食料だった。生きるために必死だった。

ある日の夕方、畑からの帰路、一面に黄色い月見草が咲いているのを見かけた。のちにプロ野球選手になって、「ONは太陽の下に咲くひまわり、自分はその陰にひっそりと咲く月見草である」という話をしたのは、少年時代に見た月見草のイメージが無意識に蘇ったからだろう。

私たちは畑仕事だけではなく、新聞配達もやった。言い出したのは兄だった。

「かあちゃん、新聞配達でもしようか」

兄がそう切り出したときの、母の苦しそうな顔を今でも思い出す。親としては、いくら貧しくても、まだ小学生の子どもにそんな苦労をかけさせたくはないという気持ちだったのだろう。だが、その頃の我が家は、兄だけでなく私も新聞配達をしなければ、学校に弁当さえ持っていけないような状態に追い込まれていた。

「そうかい。悪いけど、やってくれるか」

母は消え入りそうな小さな声で、ほんとうに申し訳なさそうにつぶやいた。

新聞配達をはじめたのは兄が六年生、私が三年生ぐらいのときだったと思う。一区域を受け持つと五〇〇円もらえる。新聞配達は中学になっても続けた。兄が高校に進学し、通学時間が長くなると、私は二区域を担当し、倍の日当をもらった。それが六畳一間の我が家の家賃に回された。

夏休みにはアイスキャンデーを売り、冬休みには近所の子守りをした。アイスキャンデー売りはともかく、赤ん坊相手の子守りは、子どもにとってはむずかしく、気の重い仕事だった。子守りは子どもに寝てもらうのが一番だ。何もしなくていいからだ。そこで、つい寝かしつけておくと、あとでその親から叱られた。「夜、なかなか寝なくて困る」というのだ。むずかる子どもを抱え、こちらが泣きたくなるようなことも度々《たびたび》だった。

絶対、金持ちになってやる

野球をはじめたのは、中学に進んでからだ。それも、プロ野球選手を夢見てはじめたわけではなかった。意外に思われるかもしれないが、野球選手よりも、私がなりたかったのは流行歌手である。

ちょうど、終戦直後、美空ひばりさんが〝天才少女歌手〟として注目された頃だった。私と同世代の少女が、日本中の人気者になり、信じられないような成功をしている。

「金持ちになりたい」

「もう貧乏はイヤだ。大人になったら絶対、金持ちになってやる」

そう考える少年にとって、歌手は一番手っ取り早い「金持ちへの道」だったのだ。当時は、網野の町にも映画館があり、ときどき流行歌手が来て実演することもあった。本物の歌手が来ると、それが見たくて見たくてたまらない。しかし、入場料などあるはずがない。映画館の前をウロウロしていると、近所に住んでいて顔見知りだった映画館の館長さんが「野村君、入れ」と言って、親切にタダで入れてくれた。岡晴夫、織井茂子、若原一郎などが歌う姿を、かぶりつくようにして眺めたものだ。

歌手と同じくらい憧れ、何とかなれないものかと思ったのは映画俳優である。上原謙や阪東妻三郎、若い人では中村錦之助、東千代之介。女優では京マチ子が大好きだった。

名作「青い山脈」やラジオで大ヒットした「君の名は」など、胸を熱くした、あの擦《す》れ違いばかりの物語は、今でも強烈に印象に残っている。まだテレビが出現しない映画の黄金時代だったから、映画俳優になって、この貧しさから抜け出したい、という気持ちを抱くのはごく自然な流れだった。

金持ちにとは思っても、なぜか会社の社長という発想は浮かんでこなかった。我がふるさとは会社らしい会社がないし、社長と呼ぶような人物が身近にいなかった。つまり成功モデルとしての社長というものがなかったわけだ。

最近は格差社会などということが言われるが、私の幼い頃は、もっと露骨だった。たとえば、学校に持っていく弁当ひとつとっても、こちらは芋のツルがほとんどで申し訳みたいに白米が入った真っ黒なものであった。気恥ずかしさから、私は手で隠すようにして食べていた。

一方、ちりめん工場を営んでいる家の子どもなどは、びっしりごはんが詰まった真っ白な弁当であった。当然、堂々とこれ見よがしに広げて食べている。

ウチは父が戦病死しているのに、同じぐらいの父親が戦争にも行かず、元気にしている家もある。訊《き》いてみると、いろいろな手を使って兵役を免除されたなんていうこともあった。

「オヤジも同じようにすればよかったのに」

子ども心にそう感じたものだ。私の家のように、父親が戦死した家は、戦争に行かなかった家よりも貧しい家が多いような気がして不思議だったが、この年齢になってみると、そうした差が出る世の中の仕組みがよくわかる。貧しさは人の生死にまで響いてくるのだ。

兄の決断

「弁当忘れても傘忘れるな」

我がふるさと、京都・丹後地方の気候を表現するとき、よく言われる言葉である。秋から冬にかけて、毎日どんよりと曇った日々が続く。朝晴れていたと思っても、昼になると、決まって雨が落ちてくる。弁当を忘れてもなんとか我慢はできるが、傘を忘れたら、丹後では暮らせないというわけだ。

そんな気候だから、丹後人の気質はひと言でいって暗い。謙虚を美徳としている。厚かましい者は嫌われる。常に人のうしろに立っているような控えめな気質である。

謙虚といえば聞こえはよいが、自分が前に出ようとしない分、陰口も少なくない。井戸端会議で他人の悪口ばかり言っているようなところがある。

私のボヤキも、故郷の風土に由来するのかも知れない。〝うらにし〟と呼ばれる、冬場の荒れた日本海を渡って吹きすさぶ季節風に耐える土地柄がそんな性格を作るのだろう。ねたみ、僻《ひが》み。ただそれは、時に、反骨のエネルギーになってプラスに転化することもある。

中学校に入ってから野球をはじめたが、プロ野球の選手に、という考えは全くなかった。当時はテレビがまだ出現していなかったから、プロ野球を観る機会はなかったので、憧れを抱くのがむずかしかったこともある。

野球だけでなく、私は球技なら何でも好きだった。鉛色の空が当たり前という気候だから、全般にバレーボールやバスケット、他には卓球など屋内競技のほうが盛んだった。

卓球などはちょっとした腕前だった。だが、卓球のような一対一の個人競技はほんとうに好きにはならなかった。私が好きだったのは団体競技である。バレーボールは高校のときのクラス対抗の中心選手で、一度も負けたことがなかった。バスケットにも自信があった。もしプロの道があったら、進んでみたいとさえ思った。なぜ団体競技のほうが好きだったのか、はっきりとした理由は思い浮かばない。負けても人に責任を押しつけることができるのがよかったのかも知れない。

それは冗談として、チームプレーで勝つには技術、体力に加え、相手を研究し、戦略を立てることが必要になる。中学、高校の校内大会だって、勝つためには、ただ力任せにボールをひっぱたけばいい、というものではないのだ。頭を使って相手を出し抜くという面白さに早くから惹《ひ》かれていたのだろう。

もちろん、団体競技のなかで、一番魅力を感じたのは野球だ。しかし、私の家の経済状態では、野球の強い高校に進んで甲子園で活躍し、プロの目に留まって入団するなどというのは、とても無理な話だった。

あまり勉強が好きではなかったこともあり、母からは、「お前には中学を出たら丁稚《でっち》奉公に出てもらう。ウチはお兄ちゃんを高校にやるのが精一杯だ。こんな体でお母ちゃんはどうにもならない」と真剣に訴えられていた。

確かに私は学校の勉強は嫌いだった。親の目を盗んでは遊びまわっていた。少々自慢になるが、遊びの才は間違いなくあった。メンコやクギタテなど、手ぶらで出かけていって勝負して、山ほどせしめてきたり、〝トンボ捕りの名人〟と言われたり。トンボ捕りの早業は、のちにバットスイングに応用することになる。

最近、中学時代の写真を見せてもらう機会があったのだが、それを見ると帽子にしても学生服にしても、なかなか綺麗なものを身に付けている。とても、兄弟そろって新聞配達をしているような家庭の子どもには見えない。ほんとうに貧乏だったのかと、写真を見せてくれた人は疑っていたが、実はそれには訳がある。帽子にしても着る物にしても、全部他人から取り上げたものなのだ。

「それをくれよ。わかっているだろうな」

典型的なガキ大将だったのだ。

ガキ大将だった私に比べて、兄は生真面目《きまじめ》な勉強家だった。暇さえあれば体を壊すほど勉強し、親の手伝いに明け暮れていた。高校に進んでからも、密《ひそ》かにアルバイトをして、大学進学を考えていたようだ。私のほうは、高校が無理と言われていたので、自棄《やけ》になり、街の不良仲間に入って悪ぶっていた時期もあった。

そんな私を見かねたのか、兄は、自分の大学進学を諦《あきら》めて、代わりに私を高校へ行かせてくれた。

「自分は大学を諦める。就職して少しは仕送りもできるだろうから、克也をなんとか高校にやってくれ。これからは高校ぐらい出ていないと、先々こいつが苦労するから」

そう言って母を何度も説得してくれたのだ。もし、兄が大学進学を諦めてくれなかったら、私は中学を卒業して就職し、プロ野球の道に進むこともなかっただろう。野球人としての私があるのは、兄のお陰である。兄は、私の野球の才を見抜いていたように思う。

兄はほんとうに真面目一筋の男で、高校を卒業すると、京都にある島津製作所に入社した。ノーベル賞を授賞された田中耕一さんの会社として有名になったところである。定年まで無事に勤め上げたが、出世などとは縁の遠いサラリーマン生活だった。

運命を変えた恩師の手紙

中学で少し野球の面白さに目覚めていたので、私は高校でも迷わず野球を続けることにした。といっても、私が進んだ府立峰山《みねやま》高校は甲子園など夢のまた夢という田舎町の学校である。グラウンドなども、ダイヤモンドを取ったら他の運動部が練習できなくなってしまうような小さなものしかなかった。ちょっと打撃練習でもしようものなら簡単に校舎の窓ガラスが割れてしまう。野球部員は赤点スレスレで進級するような連中ばかり。おまけに野球部は用具にも金がかかる。いっそのこと廃部にしてしまえ。そんな声が職員会議で出たことがあった。

その急先鋒が生活指導部長の清水義一先生だった。我々野球部員としては、この清水先生を懐柔しなければ、部が潰れてしまう。そこで私は少々、策を弄《ろう》することにした。清水先生にはふたりのお子さんがいた。まだ小学生だった。このふたりの息子に「今度、オヤジを連れて俺たちが野球をしているところを見に来い」と脅迫したのだ。清水先生は、それまで野球を見たことがほとんどなかった。もし野球を見せれば、その面白さに魅かれて、廃部を思い留まってくれるかも知れない、と考えたわけだ。

作戦は図に当たった。校庭で練習試合をする。当時はどこの町でも野球が今よりもずっと盛んだったし、娯楽の少ない時代だったから、町の人も見物に来て賑《にぎ》やかに応援し、なかなか雰囲気がよい。清水先生もそれを見て、「野球は意外に楽しい」という考えを持つようになった。

そうやって下地を作っておいて私は生徒会長選挙に立候補した。生徒会長に選ばれれば、生徒指導の清水先生とイヤでも顔を合わせる機会が多くなる。そうなったら、野球部長になるように頼んでみよう。廃部の急先鋒の先生を取り込んで部長に据《す》えてしまえば、学校が野球部を潰せということもなくなるだろう。

「今度の選挙では俺に入れるんだぞ、わかってるな。頼むから俺に入れてくれ」

少々恫喝《どうかつ》みたいな強引な選挙運動を繰り広げ、首尾よく生徒会長になった私は、清水先生と徐々に親しくなり、とうとう野球部長を引き受けさせた。我ながら、高校生にして、なかなかの策士だったと思う。

この清水先生との出会いが、私をプロ野球に進ませるきっかけになったのだから、人の縁とは不思議なものだ。

私の高校は京都府の予選の一回戦で負けてしまうような弱いチームだったが、それでも、野球を知る人の間では、「野村というのは見どころがある」といった声があがるようになっていたらしい。それを聞いた清水先生は、一面識もないのに、南海ホークスの鶴岡一人《かずと》監督(当時は山本姓)に、「我が峰山高校に、野村というすばらしい選手がいる。ついては是非、一度その目でご覧になっていただけないだろうか」という内容の巻紙の手紙を出してくれた。

その手紙を読んで鶴岡監督は、京都府の予選をわざわざ見に来てくれた。これには、ほんとうに驚いた。予選の一回戦で敗れしばらくたった頃、家に一通のハガキが来た。差出人は「山本一人」とある。ハガキには「どうしてもプロに行かせたいなら、甲子園に出るような名門校に転校させろ」というアドバイスが書いてあった。もちろん我が家の経済状態では、そんなことができるはずがない。

ただハガキを頼りに球団などに訊《き》いてみると、十一月のはじめに南海が大阪球場で入団テストをおこなうからそれに参加してみろ、という案内をもらった。

このテストに合格したことで私のプロ野球選手としての道がはじまるのだが、きっかけを作ってくれたのは、野球には全くシロウトだが、生徒を思う気持ちは人一倍強い熱血漢の恩師・清水先生の手紙だったのだ。

必死に情報収集

私はプロがダメなら社会人野球で、といった考えは全くもたなかった。社会人で安い給料をもらいながら数年間野球をやり、そのあとは大卒の上司に使われるなどというのは、まっぴらだった。一刻も早くプロ入りし、母を楽にさせてやりたい、という一念だった。

だから、テストというチャンスを得た以上は何としてもプロに入るつもりだったし、そのために必要なことは徹底的に調べた。当時は南海の他にも入団テストを実施するチームが少なくなかった。巨人もやっていた。私は巨人ファンだったから、巨人のテストを受けることも考えた。しかし、巨人には一年前、兵庫県の鳴尾高校で超高校級と言われた藤尾茂さんという捕手が入団していた。この先輩とポジションを争って勝つ自信はない。自分が入団してすぐにでもポジションが取れそうな球団はないか。私は二十代がレギャラーをやっている球団を全部消去していった。そう考えると、南海ホークスはうってつけだった。

南海はケチで新人獲得にはあまり金をかけず、安く入団させた選手を二軍で鍛えて使う傾向がある。私はそのことを、毎日配達する新聞を盗み読みしながら摑《つか》んでいた。高校時代から情報収集に怠りはなかったのだ。

当時、南海のレギュラー捕手は三十一歳の松井淳さん。今なら脂の乗り切った年齢だが、当時は三十三、四歳で引退する選手がほとんどだったから、もし私が入団すれば、二、三年でポジションが空くことになる。南海のテストを受けることが決まると、学校に行っても、四六時中、メンバー表を見ながらそんなことを考えていた。

テスト生

入団テストには三〇〇人ほどが来ていたと思う。なかには京都府の大会で見たことのある平安や立命館など名門校の選手もいた。とても合格は無理だと思った。

ところが、どうしたことか、七人合格者が出て、そのうちの四人までが私を含めた捕手だった。しかしあとでわかったことだが、この四人の捕手はみないわゆる「壁」、ブルペン捕手としての採用だったのだ。

そうはいっても、いっしょに合格した三人の捕手は私のライバルである。この三人を蹴落とさなければ、一軍への道は開けない。今でもこの三人の出身地と名前はソラで言うことができる。ひとりは大阪府南河内《かわち》郡出身、ふたり目は和歌山県日高郡出身、そしてもうひとりは熊本県下益城《しもましき》郡出身。私を含めた四人とも出身地に「郡」がつく田舎者ばかりだった。五十年以上経ってもいまだに覚えているのだから、それだけ同期のライバルとして強く意識していた。

だが、同期のうちふたりは、入団直後、すぐに辞めて田舎に帰ってしまった。辞めてしまったのは、おそらく「こんなところでやってられるかい」という気持ちを抱いたからではなかったか。

なにしろ寮は一応あるが、部屋は三畳一間で窓も押し入れもない。裸電球がぽつんと下がっているだけなのだ。今の合宿所はまるでホテルと間違うくらい豪華で、トレーニング設備や娯楽設備が整っているが、ああいう環境で暮らす若い選手は、居心地がよすぎてかえって大成しないのではないか、と思うことがある。その点、我が南海ホークスの合宿所は、ハングリー精神を養うにはうってつけの場所だった。

合宿所には悪い先輩がいて、入団したての私たちを脅かす。

「お前らは壁、ブルペン捕手だぞ」

「入っただけで喜んでいるが、今までテスト生で一軍に上がったヤツはひとりもいないんだ。三年経ったらお前らもクビだ。四年も五年も引っ張っておくと再就職が大変なんで、三年で辞めさせるのさ」

私もさっさと辞めて、田舎に帰ろうと、何度思ったことか。そのとき頭に浮かんだことがある。母のいる故郷の家のことだ。

私のふるさとからプロ野球選手が出たのは町はじまって以来のことだった。新聞には、私をはじめテストに合格した選手の名前が載った。町長さん、区長さん、町の名士がつぎつぎに家に訪ねてきた。母はえらい迷惑をしたと思う。

銀行もやって来た。忘れもしない、京都信用金庫。「お母さん、契約金は?」「初任給はおいくらくらいなんですか」などと聞いてくる。「金額なんて聞かれても絶対に言うなよ」と母にはきつく口止めした。月給七千円のテスト生に銀行に預けるようなお金が出るはずがない。当時の新聞は、今と違って選手の契約金や年俸を紙面に載せる習慣はなかった。だから普通の人は、プロ野球選手になったというだけで想像を膨らませ、物凄い契約金と給料をもらうものだと決め付けていた。

お金のことで忘れられない思い出がある。新人時代、私は七千円の給料から毎月千円の仕送りを母にしていた。のちに高給取りになって仕送りの金額も増えたが、母は「今の何万円よりも、七千円の月給から千円送ってくれた頃のほうが、有難かったよ」とつぶやいたことがある。

また後年、母の没後に形見のなかから、預金通帳が出てきた。母は私が送金していた千円には、一切手をつけずにいた。私が球団をクビになって、故郷に帰ってきたとき困らないようにとの配慮だったのだ。明治生まれの母の気遣いを死後に知り、私は居たたまれない思いを覚えたことを、決して忘れない。

いよいよふるさとを離れて大阪の寮に入るという日、駅には大勢の見送りの人が集まった。「野村君、万歳！」の声で見送られ、まるで出征兵士である。それを見ていて、母は急に不安になったらしく、「そんな華やかなところに行っても失敗して帰って来るだけじゃ。止めておけ」と言い出した。野球部の清水先生が「三年間、行かせてやって欲しい。失敗したら、ぼくが責任を持って就職を世話しますから、どうか行かせてやってください」となんとか母を説得してくださった。

そんな経緯があったので、待遇がよくないとか、一軍に上がれる見込みが少ないというだけで、荷物をまとめてすごすご帰るわけにはいかない。

そこで考えた。テスト生だろうと、入団してしまえばあとは実力の世界だ。チャンスがゼロということは絶対にない。人の三倍も四倍も努力しようと。覚悟を決めたわけだ。

ただ、人と同じような努力をしていたのでは抜きん出ることはできない。グラウンドではみんな平等に練習するから、努力で差をつけるとしたらグラウンドの外だ。グラウンドを離れてからの時間の過ごし方が勝負を決める。そう思って私は独自の練習メニューをつくって体をイジメ抜いた。

ランニング、バットスイングは勿論、鉄棒を使った懸垂《けんすい》、腕立て伏せなど人があまりやらないようなトレーニングも合宿所で毎日実行した。

私が入団した頃のプロ野球界には、さまざまな迷信のようなものがはびこっていた。重いものを持ったら筋肉が堅くなるから絶対にいけないなどという馬鹿馬鹿しい考えがけっこう信じられていた。しかし、私はそうした迷信などはあまり気にせず、自分なりに工夫した練習をひとりで黙々と続けた。

特にバットスイングは自分でも呆れるほどよくやった。手はマメだらけになった。マメの上にマメができる。マメの手入れは、しっかり少しずつカミソリで削っておかなければならない。放っておくと、大きなマメがポロッと取れて、バットが触れないほど痛くなってしまう。毎日カミソリで丁寧に削って手入れをしながらバットを振り続けた。

投手のリードなどは経験がものをいう。しかし打撃なら経験がなくてもレギュラーのベテランに対抗できる。特に当時は、捕手と言えば守り優先でバッティングはほとんど期待されていなかった。南海も同様で、レギュラーの松井さんも八番が定位置である。

松井さんの打撃を見ると、失礼ながら、豪快さが全くない。軽くボールをバットの先にぶつけて、チョンと内野の頭を越すようなスイングをする。松井さんはチョンというニックネームで呼ばれていた。私は勝手に、その打撃の形から、そういうニックネームが付いたのだろうと一人合点していた（実際は「松」という字の中国での読み方、ソンから取ったものだったそうだ）。これなら何とかなる。

自分が松井さんからポジションを奪うには打撃で目立つこと。バットスイングに熱を入れたのは、そうした自分なりの計算があった。

半世紀以上も前のことで、トレーニング用の器具などほとんどない。道具も自分のアイディアで工夫するしかなかった。私が目を付けたのはしょうゆの一升瓶だった。合宿所にあったしょうゆ瓶を見て、その形から何かトレーニングに使えるのではないかと思い、合宿所のおばさんから貰い受けて砂を詰め、テープを巻いて持ちやすくして振り回した。こうすれば手首と腕力を強化できるのではないかと思ったのだ。

メジャーの衝撃

手首と腕力を鍛えなければと考えたのにはきっかけがある。日米野球である。入団二年目の一九五五年、ヤンキースが来日した。ヤンキースが単独でやって来たのは、あとにも先にもこの時しかない。

この頃のヤンキースは主砲にミッキー・マントル、捕手が強打のヨギ・ベラ、エースに左腕のホワイティ・フォードと大選手がズラリと揃い、何度目かの黄金時代を迎えていた。シーズン中一度も一軍に上がれず、二軍で過ごした私も、この最強チームはどうしても自分の目で見たかったので、なんとか時間を作って球場に出向いた。

現在は三十球団にも拡大し、確実にレベルが落ちたメジャーリーグだが、当時はもちろん日本とは比べものにならないほどレベルが高い。ヤンキースはそのなかでも特別だった。結果は十六試合やって、ヤンキースの十五勝一分けである。日本のチームは一度も勝てなかった。

どれをとってもため息が出るプレーだったが、なかでも驚いたのは圧倒的なパワーだった。ひと抱えもあるような太い腕でバットを振ると、ボールは遥《はる》か彼方に飛んでゆく。特にミッキー・マントルの腕の太さとパワーにはすっかり魅せられてしまった。

あんなパワーに少しでも近づきたい。入団一年目からしょうゆ瓶のトレーニングはしていたが、しっかりした目標をもって取り組むようになったのはメジャーリーガーを見た際のときの衝撃のせいといってよい。

しょうゆ瓶トレーニングは入団五年目頃まで続けた。入団三年目にレギュラーになり、四年目には本塁打三十本を打って初のタイトルを獲得することができた。
同じ年におこなわれたドジャースとの日米野球にも、全日本のメンバーとして選ばれて参加したのだから、メジャーの影響を受けたしょうゆ瓶トレーニングもそれなりの成果があったのだろう。

職業の選択は運命を変える

合宿所や練習環境の悪口をさんざん書いたが、それでも私は南海ホークスというチームに入団して、ほんとうによかったと思っている。南海は埋もれている才能を鍛え、育てるというノウハウを伝統的に持っている球団だった。巨人などとはそこが違った。

私は実際に試合を見たことはなかったが、プロに入るまでは巨人ファンだった。なんといっても我々の時代は川上哲治、青田昇、千葉茂といった名選手を抱え、人気、実力、伝統とも抜きん出ていたからだ。

しかし、私が巨人の入団テストを受けて、運に恵まれ合格したとしても、選手として大成していたかどうか。巨人は伝統的に出来上がった即戦力の選手をお金で取ってきてそれでチームを作っていくという戦略である。現在も毎年ＦＡで他チームの主力選手を獲得しているが、昔から、別所毅彦、金田正一といった大エースを強引に獲得し、主力に据えていた。そういうチームに、テストで入団することができたとしても、首脳陣に顔を覚えられる前に、クビになっていたことだろう。

南海と同じ年、巨人も入団テストをしていた。私が好きな巨人を避けたのは、前にも書いたように、一年先に、藤尾茂という超高校級の捕手が入団していて、とてもかなわないと判断したからだ。

仮に、藤尾さんがおらず、私が巨人のテストを受けて首尾よく合格したとしても、選手としては苦労しただろう。というのは、一年後に、県立岐阜高校から森祇晶《まさあき》（当時、昌彦）が入団してくるからだ。森は父が経営していた会社が傾き、大学進学を断念し、球界に身を賭けた知性派捕手である。あの粘り強く、緻密《ちみつ》な男に競り勝って、レギュラーポジションを取る自信はとてもない。

その点、南海には失礼ながら脅威に思うような捕手の先輩はいなかったし、厳しい環境ではあっても、下積みの人間の長所を見出してなんとか育成していこう、という発想がチーム全体にもあったから、私のような無名のテスト上がりには好都合だったのだ。

職業の選択、職場の選択というのは運命を変える。南海を選んだのは私にとって大正解だった。もっとも、その時以来、身に付いた「金を遣わずに二軍の選手を育てる、チームを強くする」という考え方は、いまだに抜けず、それで苦労している部分も少なからずあるのだが。

叩き上げとエリート

世間で誤解されていることがある。あまり裕福でない家庭で育った選手は、みな叩き上げと思われることだ。だが、下積み経験のあるほんとうの叩き上げか、それとも早くから才能を見出された野球エリートかは、実は生まれや育ちとはあまり関係がない。

例えば、二〇〇七年の十一月に惜しくも亡くなった稲尾和久。彼は私の二学年下で、頭脳を使った投球のできるほんとうの一流投手だった。彼との対戦のなかで学んだことは数多く、私を一人前の打者のレベルに引き上げてくれた恩人のような存在といってもよい。

稲尾との対戦のことは改めて触れることもあるだろう。彼は大分県のあまり裕福でない漁師の家の息子で、幼い頃から父親の漁を手伝い、艪《ろ》を漕ぐことで手首を鍛えて大成した叩き上げだ、と言われている。だが、私からすれば、彼などは叩き上げどころか、最初からきらびやかな才能を見せつける代表的な野球エリートだった。

確かに彼は新人の年、二軍からスタートしている。しかし、二軍にいたのはわずか一カ月だけだった。その間に登板したのが、我が南海戦である。私は入団二年目で二軍暮らしだったから、のちの大投手と二軍で対戦したのだった。稲尾が二軍で投げたのは生涯でこの南海戦だけだったはずだ。

打席に立って驚いた。これが新人の球か。スピードはあるし、スライダーは鋭く切れる。おまけにコントロールが抜群ときている。手も足も出なかった。

稲尾はすぐに一軍に引き上げられ、一年目に二十一勝をあげて新人王になった。それ以後の活躍は改めて言うまでもない。新人の頃から、プロで大成するのに必要なものをすべて持っていたほんとうのエリートだった。

二〇〇七年、我が楽天イーグルスに入団したマー君こと、田中将大も何か特別な存在感をもつ投手であるが、そのマー君が新人であげた勝ち星は十一勝、稲尾のほぼ半分である。登板試合数が過剰だった時代と単純に比較はできないが、稲尾の素質のすばらしさの一端がこの数字にも表れている。

私が入団したての頃は、スポーツ選手の映画が盛んに作られた。稲尾も日本シリーズの活躍で「神様、仏様、稲尾様」になってからは、『鉄腕　稲尾和久物語』というタイトルの映画が作られた。しかし映画にするなら、私の歩んできたプロセスのほうが、ずっと劇的で面白いのにと思ったものだ。せいぜい、少年時代に海に出て艪を漕いだ経験だけで、私がした血反吐《ちへど》を吐くような練習はしていないはずなのだ。

私は野球人として、稲尾を尊敬することでは人に劣るものではないが、非エリートの叩き上げのように見ることだけは承服できない。

南海電鉄に飛び込んで自殺します

新人の年は九試合に出場して十一打席ノーヒット。酷《ひど》い成績だが、「壁」の仕事ばかりで、ほとんど打撃練習をさせてもらえなかったのだからやむを得ない。

だが、球団は容赦なかった。シーズンが終わり、来年こそはと思っているとき、マネージャーから呼び出しがあった。解雇宣告である。わずか一年でクビとは。入団したとき先輩から聞いた「二、三年でクビさ」という言葉が蘇った。

しかしわずか一年で尻尾を巻いて故郷に帰るわけにはいかない。反対する母を、恩師の清水先生が説得してくれ、ようやく実現したプロ入りだ。

「何とかもう一年、お願いします。クビになったら、僕はもう生きていけません。帰りに南海電鉄に飛び込んで自殺します」

私は必死で球団マネージャーに何度も頭を下げた。

「お前みたいな奴は、はじめてだ。ワシラの眼は、確かだ。お前は素質がない。みんな素直にお世話になりましたと帰っていくぞ。やり直しは早いほうがいい」と言いながらも、「ちょっと待っとれ」とマネージャーは部屋をあとにした。

捨身の訴えの甲斐があって、かろうじてクビは免れた。だが、周囲の目は厳しかった。私がクビにならずに残ったのを見ると、二軍の松本監督は、意外そうな顔をしながら、私にコンバートを命じた。

「お前の肩じゃ一軍では通用しない。一塁へ回れ」

目の前が真っ暗になった。ファーストには四番打者の飯田徳治さんがいる。のちに連続試合出場の記録を作ったように、丈夫で頼りになる不動の中心選手である。そんな人とポジションを争って勝てるはずがない。せっかくいろいろ調べて、南海の捕手だったらレギユラーになる可能性が高いと思い入ったのにコンバートとは。不承不承《ふしょうぶしょう》ファーストミットを用意したが、いつか捕手に戻ろうという気持ちは捨てなかった。

そのためには肩を強くしなければならない。送球するときのボールの握り方さえ自己流だった私は、先輩たちからまっすぐな送球が行く握り方を訊《き》いたり、遠投をしたりして肩を鍛えあげた。

しょうゆ瓶トレーニングにも一段と力を入れた。打撃さえよければ、少々肩が弱くても、先発出場する機会が与えられるからだ。

入団二年目は一軍での出場機会が得られなかったが、そうした自分流の練習を重ねるうちに鶴岡監督の目に留まり、三年目後半には一軍昇格ができ、入団四年目には三十本塁打を打ち初タイトルを獲得することができた。丸三年の下積み生活は、そうやって終わりを告げた。

第二章

エースと四番の条件

――不真面目な優等生が大成する

エースと四番は天性である

去年まで中日ドラゴンズでプレーしていた福留孝介は、今年からメジャーのシカゴ・カブスでプレーすることになった。ＦＡ宣言のあとの争奪戦は、日米の相当数の球団を巻き込んでおこなわれたようだが、あの巨人が引き下がったのだから、他の日本の球団に出る幕はなかった。

年俸十二億とも十三億とも言われる契約が実力に見合った評価かどうかは、何とも言えないが、福留が最近の日本球界では珍しい、打てて、守れて、走れる三拍子揃ったすばらしい選手だったことは確かだ。特に打撃は、本塁打も期待できるし、率も高く、安心して三番、四番打者を任せられる選手だった。

我が楽天も、台所事情が許せば争奪戦に参加したい気持ちは充分持っていたが、いかんせん、あの金額になっては引き下がるより外はなかった。

私は、よく他球団で見切りをつけた選手を蘇生し、戦力にするので、「野村再生工場」などと言われる。それは褒《ほ》め言葉でもあるので、うれしいことではあるが、かといってすべて「再生」で賄《まかな》えるとも思っていない。再生というのは高《たか》が知れている。エースや四番という主力選手を再生で作り出すことはできない。一五〇キロ台の速球をボンボン投げる、遠くへボールを簡単に飛ばす、といったエースや四番打者になるには天性の部分がかなり左右する。

二〇〇八年の新たなシーズン、北海道日本ハムファイターズに新たな怪物が出現した。中田翔である。十八歳の高卒ルーキーにして、プロデビュー戦初日の練習試合で場外ホームランを放つなどといった離れ業は、「天性」以外の何物でもない。私は中田の素質に、〝怪童〟と呼ばれた元西鉄のスラッガー・中西太さんの姿を見る。

それ故に、「天性」とは育成するものでも、再生するものでもないのである。

私は現役時代、長く四番を任せてもらった。多少は天性もあったのだろう。しかし、天性だけで打っていたのでは、私の打率は二割五分止まりだっただろう。残りの五分をどう埋めて、四番らしい働きをするかが私のテーマであり、そのための努力を惜しまなかった。

四番の器

私が打撃タイトルを獲って、クリーンアップを任せてもらうようになったのは入団四年目のシーズンだった。苦労したので、下積みの時間が長かった気もするが、高卒四年目でレギュラーに抜擢され、クリーンアップを打たせてもらったのだから、早いほうだったとも言えるだろう。

過去の球史をさかのぼってみても、四番打者を球団がじっくり育てた、という例はあまり見当たらない。

阪神タイガースの監督在任中、球団編成部のドラフト戦略があまりにもチームの実情に合わないので、注文を付けたことがあった。

当時の阪神は、現在のように毎年優勝争いに絡むようなチームではなく、万年最下位の「ダメ虎」だった。エースと呼べる投手、四番を任せられる打者が全く見当たらない。それなのにドラフトではエース候補、四番候補を正面から獲りに行くのではなく、指名して入団してくれそうな選手ばかりを選んでいる。これではほんとうの強化にはならない。

「エースや四番になるような選手を獲ってください。エースや四番は育てられるものじゃありません。余所《よそ》から連れてくるものなんです。優勝するためには、お金が要るんです」

ところが、この注文に、当時の久万俊二郎オーナーは立腹された。

「監督は、野村再生工場とか呼ばれて、球界一の育成の名人と思っていたのに、四番を連れて来いなんて……。巨人がやっていることが正しいと言うのですか！」

そこで私は阪神の歴史を振り返ってもらうことにした。

「田淵幸一、バース、オマリー。阪神が優勝を争ったときの四番は、チームが育てたものですか。みんな余所から連れてきた選手ばかりじゃないですか。外国人はもちろん、田淵だって、大学を出て、すぐに即戦力で四番を任せられる器だった。チームが育てた四番というのは唯一、掛布雅之、以外にはいないじゃないですか」

阪神だけに限った話ではない。巨人を見たって、四番はすでに出来上がった選手を据えているだけだ。長嶋茂雄、王貞治、原辰徳、松井秀喜、みんな即戦力として入団している。西武時代、高卒一年目から四番を打った清原和博だってそうだ。

「将来の四番候補」などと言われて、ほんとうに四番を打つようになった選手など、数えるほどしかいない。四番には器が必要なのだ。

阪神の監督時代、四番候補がいなかったため、私は新庄剛志を四番に据えることが多かった。新庄はすばらしい身体能力を持った選手だったし、敬遠の投球を打って出てサヨナラ安打にしてしまうような計算外の活躍をしてくれることもあった。目立つことが大好きだったので、そうした虚栄心をくすぐることも期待して四番に据えたわけだ。

ただ、彼の性格からいってコンスタントに活躍してくれるタイプではないし、チームの内外から「柄にもない」役割を期待されたことで、かえって自分の持ち味を殺してしまった面があった。

メジャーでプレーしたあと、日本ハムに入り、日本一に貢献したが、ヒルマン監督は六番のように重圧がかからず拘束も少ない打順において、彼のよさをうまく活かしていた。四番を打つような器でないことは、ヒルマン監督にもわかっていたのだろう。

四番の責任

四番は、本塁打も打率も打点も当然好成績を求められるが、ただ数字がよければいいというものではない。

私は二十七年現役生活を続けたので、いろんな記録を持っているが、おそらく今後も他の人には破られないだろうと思われる不滅の記録が二つある。一つは通算出場試合数三〇一七試合、もう一つは併殺打の数三七八である。二位の元広島カープ・衣笠祥雄と一〇〇以上の差がある。

通算出場試合は長年プレーし続ける、長い登山の果てに与えられる称号であるが、併殺打のほうは打撃の質がかなり関わってくる。まず、併殺数が多いのは右打者だ。これは一塁までの歩数が左打者に比べて二歩は違うのだから当然だろう。ゴロが多いか飛球が多いかによっても違う。足の速さももちろん関係する。

私は右打者で、スイングの性質（レベルスイング）上ゴロが多く、しかも足が遅かったので、どうしても併殺打が多くなってしまう。

しかし、その一方で、私は犠牲フライの日本記録も持っている。ゴロの多いスイングなのに、犠飛を誰よりも多く打つことができたのは、もちろん長くプレーしたこともあるが、得点圏に走者がいるときには四番として最低限の責任、犠飛を打つことを自分に課してきたからだ。

四番打者には自分の打撃に徹すること以外に、こうしたチームへの自分を捨てた貢献も求められるのである。

チームの鑑

四番らしいプレーを貫いた選手といえば、やはりＯＮ、王貞治と長嶋茂雄を挙げなければならない。私は監督としてＶ９を成し遂げた川上哲治さんを最も尊敬し、常に指針にしてきたが、勝つことへの執念が飛びぬけて強烈だった川上さんをもってしても、王と長嶋のどちらかが欠けていたら、とてもＶ９は達成できなかっただろう。中心なき組織は機能しない、と言われる所以である。

「中心選手はチームの鑑《かがみ》でなければならない」

四番やエースの役割を語るとき、私が最初に口にするのはこの言葉である。そして話の結論もここに尽きる。

「チームの鑑」という点では、王も長嶋も、文句のない四番だった。

一部の個人成績だけなら彼らよりも上だった選手がいないわけではない。ただ、野球に取り組む姿勢を見たら、彼らを凌ぐ選手がどれだけいたことか。

私は現役時代、王の素振り練習を見せてもらったことがある。場所は巨人の打撃コーチだった荒川博さんのご自宅である。当時、王は試合の終わったあと、荒川さんの家で素振り練習をしていた。

王は本塁打王のタイトルを連続して取りはじめていたが、まだ通算本塁打では私のほうが上だった。私は自分を追いかけてきた男がどんな練習をしているか、一度自分の眼で確かめてみたかったのだ。

練習している部屋に入ると、まず、独特の緊張感、殺気に驚愕した。それもそのはず、王は真剣をバット代わりにして天井からぶら下がった紙を斬る練習をしていたのだ。真剣を振り回すなど、ただでさえ簡単ではないのに、ひらひら揺れる紙を斬ろうというのだから、その精神集中たるや徒事《ただごと》ではない。見ているうちに、自分のしている練習など遊び半分のように思えてきた。

王は当時なかなかの酒豪で、銀座などにもよく顔を見せていた。ある晩、久しぶりに私と同じ店で偶然会い、仲間も含めて一緒に飲むことになった。九時を過ぎたあたりだっただろうか、王はスッと立ち上がり私のところにやってきて、「申し訳ありませんが、お先に失礼します」と言う。理由を尋ねると、コーチの荒川さんが家で待っているのだという。宴たけなわに飲んでいるというのに、これからまた練習しようというのだ。私は引き止めたが、王はサッと帰ってしまった。「付き合いの悪いヤツ」とは思わなかった。むしろ、その意志の強さに驚いた。オレの記録は王に抜かれてしまうなあ、と思ったものだ。

もし自分のチームの四番打者が少々酒を飲んだ際、疲れて早く寝たいようなときでも日課にしている練習をきちんとやり続ける選手だったら、若手はどう見るだろう。その上、グラウンドでも猛練習をする姿を見せつけるのだ。きっと強い影響を受け、見習おうとするだろう。「チームの鑑」とはそういうことだ。

一昨年のWBCでイチローといっしょにプレーした若い選手たちは、打撃フォームや走塁のスタイルからユニフォームの着こなし、果ては質問へのコメントまでイチローの形を真似するようになった。あれは何もイチローが格好いいからとか、メジャーで好成績をあげたからといった理由からではないだろう。同じチームの一員として、一緒に練習をし、その態度に心服するものを感じ取ったからではないか。イチローは四番ではなかったが、模範になったという点では、まさに「チームの鑑」だった。

現役プレーヤーの中で、四番らしい打者を一人挙げるとすれば、阪神タイガースの金本知憲だろう。阪神が常に優勝を争うチームになったのは彼が広島カープから移籍してからのことである。

打撃成績も四番としては合格だが、なんといっても、彼の場合は、試合を休まない姿勢がすばらしい。連続フルイニング出場の記録がかかっていることもあるが、ケガや病気でも絶対に休もうとしない。死球で骨折したり、守備の際にひざの半月板がずれたりしても、そのまま試合に出場し続けていた。

聞くところによると、彼が試合を休まないのは広島時代にケガをした際、コーチに「痛いか」と訊《き》かれ、正直に「痛い」と答えてレギュラーから外された経験があるからだという。阪神の選手は、彼が来る以前は、主力でもちょっと痛いところがあると、すぐに休んでしまう傾向があった。主力選手がそれでは当然、控えも真似をする。

金本が来てからの阪神は、そうしたことを言い出す選手は少なくなったようだ。去年も、ストッパーの藤川球児、久保田智之などは明らかに登板過多で、体調も万全ではなかったと想像できるが、少なくともシーズン中に「どこが悪い」などといって試合を休む場面はなかった。

今シーズン、阪神は広島で四番を打っていた新井貴浩をFAで獲得した。金本に多少、衰えが感じられるようになったので、その後継者という意味もあって獲得したのだろう。新井が「チームの鑑」になれる選手かどうかはわからないが、少なくとも阪神のフロントは「四番は育てるのではなく獲得するもの」という私の提言を忠実に守っているようだ。

主力に休日はない

金本の試合に臨む姿勢は見事だが、我々の世代からすると、あまり手放しで褒《ほ》めるには抵抗がある。というのは、金本のような姿勢は、我々の時代には当たり前だったからだ。

王でも長嶋でも、レギュラーシーズンはもちろん、オールスターや日米野球、オープン戦まで休むことは絶対になかった。その日にしか試合を見に来られないファンのために、中心選手の自分が休むわけにはいかないという気持ちが強かったのだ。

もちろん、休めばポジションを取られる。ライバルに付け入られるという気持ちも、周囲が考える以上に強かった。だから、余程のことがない限り休まなかった。

私は南海ホークスで初タイトルの本塁打王を獲得した翌年のシーズン途中に、打球を当てて右手薬指を骨折した。見つかれば、即交代である。テスト生から這い上がり、ようやく得たレギュラーポジションであったから、骨折箇所をギブスで固定し、私は試合に出場し続けた。骨折したことをひた隠し、痛み止めの注射を打ってマスクを被った。その指は、現在でも曲ったままである。

また現役時代の晩年、私は背中が痛くて、寝返りも打てないことがあった。ひと晩寝たら何とかなるかと思ったが、翌朝になってもさっぱりよくならない。

当日はダブルヘッダーが予定されていた。グラウンドに行って、なんとかユニフォームに着替えたが、満足にアップもできない。東京での試合だったので、困り果てて、当時、巨人の選手たちのお抱えの接骨医だった吉田先生を訪ねた。巨人以外の選手が治療を受けるのはむずかしいだろうと思ったが、あれこれ考えている場合でもない。

休むという考えはなかった。ユニフォームを着られないようなケガや病気なら仕方がないが、曲がりなりにもユニフォームを着てグラウンドに立っているのだ。

吉田先生は、最初、巨人の許可をもらってこなければ、診てやることはできないと、治療を渋っていたが、奥さんがとりなしてくれて、なんとか治療を受けることができた。

先生はしばらく背中を見たり触ったりしていたが、そのうち背中の一部をガッと摑《つか》んで離した。強烈な痛みだったが、それが消えると、ずっと感じていた痛みがウソのように消えていた。

吉田先生の治療を受けたので、ダブルヘッダーの試合開始には間に合わなかったが、第一試合の九回には代打で出場し、第二試合は先発マスクを被った。綱渡りだったが、当時の感覚では、それほど特別なことをしたという感じでもなかった。当たり前だった。
三〇一七試合出場の記録の陰には、そうした私なりの道程があったのである。

B型人間は勝負強い

四番を任せられる選手かどうかは、技術的能力だけでは決められない。性格や練習態度なども重要な条件になる。

以前、私は血液型に興味をもったことがあった。血液型の本がブームになった二十年以上前のことである。きっかけは名球会の集まりだった。特に公式な行事があるわけでもないので、気楽な雑談をしていたら、たまたま話題が血液型の話になった。

「アイツは何型だ」「だったら、こんな性格らしいぞ」などと話をするうちに、だんだん面白くなり、私は四十人あまりいる名球会のメンバーの血液型を全部調べてみることにした。

すると面白い傾向がわかった。四十人あまりいる中で、日本人に一番多いA型がたった五人しかいないのだ。AB型はもともと少ないのだろうが、やはり名球会でも少数派の二、三人。あとはほとんどがB型とO型だった。

これには驚いてしまった。Ｂ型もＯ型も平均的なサラリーマンなどにはあまり多くない血液型である。

血液型の本によれば、Ｏ型は社長や総理大臣など各界のトップに立つリーダーに多い血液型、Ｂ型は芸術家など、我が道を行く個性派の血液型となっている。

この二つが名球会のメンバーに多いというのは、なかなか的を射ているのではないか。そう思って、自分のチームの選手の血液型などにも注目するようになった。

自分の経験から言うと、四番やエースに据えるのは、Ｂ型かＯ型の選手がいいのではないか。名球会で少数派だったＡ型の選手は、四番やエースというよりも、コツコツ長く頑張った地味なタイプの選手が多かった。

Ｂ型は我が道を行く天才肌の選手が多い。個性的で人の意見に耳を傾けたりはしないが、自分を律する点では厳しく、行動で模範を示すタイプである。金田正一、長嶋茂雄、野村克也と並べると、どこにも共通点がないように思えるが、実はこの三人、みなＢ型人間である。そう聞くと納得される方も多いのではないか。現役では清原和博や野茂英雄、イチローもＢ型だそうだ。いかにもＢ型というタイプで、エースか四番しか納まる場所はないような感じを受ける。

もう一つ、四番やエースに座りがよいのはO型だ。王貞治、星野仙一、落合博満、松井秀喜、松坂大輔などがO型だと言われている。血液型の本によれば、O型は社長や総理大臣などリーダーに多い血液型だそうだ。組織に忠実で、協調性があり、リーダーシップに富んでいる血液型なのだろう。

チームの中心に据えるのは、超個性的なB型か協調性のあるO型がよい。A型では模範にするにはプロ野球では少し弱い気がする。

O型はともかく、何をしでかすかわからないB型に四番やエースを任せるのはおかしいと思う方もあるかもしれない。確かに企業経営などはB型に任せたら安心できないだろう。だが、プロ野球は組織の戦いであると同時に、個人個人の勝負の場でもある。一か八かの勝負の時、ほんとうに頼りになるのは思い切ったことをやれるB型ではないか。

参考までに、田中角栄元首相もB型であったそうだ。毀誉褒貶《きよほうへん》あるが、「日本列島改造論」などは、大胆な発想をもつB型人間の典型であろう。

私は四つのタイプしかない血液型を頭から信じ込んでいるわけではない。野球でも八割がたは育ち＝その選手の育ってきた環境によって勝負が決まってゆく。「氏より育ち」が基本だが、絶体絶命のピンチや千載一遇のチャンスの際にはその人間の持っている氏＝血液型のようなもって生まれた資質が顔をのぞかせる。土壇場の勝負で頼れるのはB型人間だ。

長嶋采配は野生の勘である

ヤクルト監督時代、チームの中心になって活躍してくれた古田敦也はB型だった。それに対して、現在、楽天でマスクを被らせている嶋基宏はA型である。嶋を見ていると、本に書いてあるA型をそっくりなぞっているように真面目で基本に忠実なリードをする。半面、型にはまりがちで柔軟性がない。困るととにかく安全策で外角に、私が「原点」と呼ぶ外角低めに行きたがる。ベンチとしてはそういうリードをされると、打たれても叱りようがない。だが、これでは本当の勝負にはなかなか勝てないし、大きく成長しない。

それに対して古田はB型の典型で、ときどきベンチから見ていると無茶なリードをする。「あの配球は何だ、説明してみろ！」と怒鳴りつけたことが何度もあった。一応本人は説明するのだが、あまり理屈にはなっていない。要するに勘なのだ。何かひらめくものがあってセオリーにないリードをする。

だが、土壇場で力を発揮するのは、実はセオリーに忠実なだけのA型のリードよりも、何をしてくるかわからないB型のリードのほうである。

ただB型の傾向があまりに強くなりすぎると、周りがついてゆけなくなることもある。長嶋茂雄は我らB型人間の代表だが、同じB型の私から見ても、理解できない行動を取ることがよくあった。現役時代の狙い球の絞り方なども、長嶋独特の勘が働いていたようだが、監督同士として対戦するようになっても、驚くことがよくあった。

九回ツーアウト二、三点リードされている状況での走者一塁で盗塁のサインを出す、などという采配は、どこの国の野球の教科書にも載っていないだろう。

長嶋の采配に関するコメントをよく読むと、「こうなる気がした」「こうなりそうな感じがした」といった表現がよく出てくる。不可解と思われる投手交代の理由を聞かれ、「打たれそうな気がした」と答えていて驚いたことがあった。野生の勘というやつなのだろうが、なかなか我々には理解できるものではない。

もちろん、私だって勘やひらめきというものはある。シーズン中に、何をやってもうまくいくような勘の冴えた時期が必ずある。反対に、どう動いてもすべて裏目に出るような連敗が続く時期も必ずあるのだが。いずれにしても、勘だけで長いシーズンを乗り切ることは不可能だ。

「人事を尽くして天命を待つ」

自分はほんとうに人事を尽くし、考えられることをすべて試した上に勘に頼っているか、考えることを怠けて勘に頼ってはいないか、私はいつも自問するように心がけている。

ダルビッシュにあるエースの資質

四番打者と同じように、簡単に育てられないのがエース投手だ。一年、二年好成績をあげる投手はけっこういるが、何年にも渡って二桁《けた》勝利を続け、ローテーションを守ってくれる投手は育てようと思ってもなかなか育つものではない。やはり器というものがあるのだ。

私は昨シーズンの日本シリーズでテレビ中継の解説をやらせてもらったが、印象に残ったのは負けた北海道日本ハムファイターズのダルビッシュ有の投球だった。ダルビッシュとはシーズン中に何度も対戦し、痛い目にも遭っているのだが、ネット裏からその投球をじっくり見て、「こいつはエースと呼ばれるような投手になったな」と改めて感じた。

ダルビッシュの投球を見て感じるのは、「打者を見下ろして投げている感覚」である。

私は大投手の条件を、「打者を見下ろして投げる」かどうかにあると考えている。どの打者にも、「打てるもんなら打ってみろ」と、一段高いところから見下ろして投げてゆく態度は、金田正一さんや江夏豊といった往年の大投手が共通して持っていたものだ。その「見下ろしている感じ」が、ダルビッシュにも垣間見えるようになってきた。

見下ろして投げれば、実は調子などはあまり問題ではない。少々調子が悪くても、格の違いで相手を抑え込んでしまうのだ。日本シリーズの最終戦、中日・山井大介のパーフェクトで話題になった試合でダルビッシュは一失点で負け投手になった。しかし、明らかに調子は悪そうなのに、一点しか許さない投球に、エースのエースたる雰囲気が漂っていた。

相手を見下ろして投げるエース、大投手には共通点がある。投球に必ず〝手抜き〟があるのだ。二流の打者、めったに本塁打など打たないような下位打線の打者に対しては、つい力を抜いてしまう。金田さんは小兵の吉田義男さん（阪神の名ショート）によく打たれたし、江夏もONは抑えても柴田勲や高田繁などクリーンアップの前後の打者に打たれることがよくあった。

ダルビッシュも同じで、日本シリーズの際も、第五戦の一失点は一軍で三試合しか出場していない中日・平田良介の犠牲フライだった。

〝手抜き〟は決して褒《ほ》められたことではないが、一概に悪いともいえない。長いシーズン、長い現役生活をコンスタントに投げ抜いてゆくためには、いつも同じペースで全力投球していては保《も》たない。どこかで手を抜く必要はある。

昔の投手はよく言ったものだ。

「全投球、全力投球するのは賢い投手ではない」

不真面目な優等生が大成する

ダルビッシュは私が楽天を引き受けた二〇〇六年に対戦した際には、あまり大した投手には見えなかった。シーズン後半こそ波に乗っていたが、付け入る隙はありそうだった。

二〇〇七年のシーズンがはじまっても、五月頃までは前の年の印象が変わらなかった。ところが五月の後半ぐらいから急に伸びてきた。まずストレートの勢いが変わった。マウンドでの態度にも自信が溢れてきた。もともと七色の変化球を武器にし、四球を出して自滅するようなタイプでもない。梅雨頃からはコツを摑《つか》んだのか、攻略するのが一番厄介な相手になってしまった。

変身の理由ははっきりとはわからない。だが、身体的な素質とともに、彼にはもともとエースとして活躍するのに必要な性格、エース向きの精神構造が備わっていたような気がする。

私は真面目《まじめ》一本やりではエースには向かないと考えている。練習態度がいい加減では困るが、かといって自主トレの初日からシーズン終了の日まで一〇〇%全力投球では故障の可能性も高くなる。どこかで緩急が欲しい。試合にしても同様で、シーズンのなかには落としてもさほど響かない試合と、絶対に落とせない試合とがある。落としてもさほど響かないような試合で、無理に頑張って消耗するよりも、落とせない試合で確実に力を出してくれる選手のほうがチームとしては頼もしい。エースとは、監督の期待に七〇%以上応えられる存在でなければならない。逆にいえば、人間一〇〇%の存在価値を常に発揮できるものではない。

「真面目な優等生は大成しない。不真面目な優等生のほうが大成する」

私は講演などで、いつもそんな話をする。

日本人は「一球入魂」とか「全力投球」といった言葉を好む。どんな結果が得られたかよりも、結果を得る過程でどれだけ一生懸命にやったかを重く見る傾向がある。しかし、プロで問われるのは過程ではなく結果だ。いくら一生懸命に「全力投球」しても、打たれて負けてしまったのでは何にもならない。

「不真面目な優等生」の不真面目さは、ちゃらんぽらんという意味とは異なる。つまり、一流には余裕がある、という意味である。〝遊び〟があるということ。力のない人間、自信のない選手ほど全力投球にこだわる。何事も目一杯やらないと気が済まない。だが、目一杯やって打たれたときのショックは、余裕を持って臨んで打たれたときの比ではない。立ち直るのに時間がかかる。

一方、余裕のある「不真面目な優等生」のほうは最初から「抜いて」いるから、回復も早い。「おう、打ちよったな」といった感じで、すぐに切り替えができるのである。

ダルビッシュに話を戻せば、彼は入団した年に週刊誌にタバコを吸っている写真を撮られるなど、問題を起こした。二〇〇七年だってヌード写真を女性誌に載せるなど、我々からすると考えられないようなことを平気でやってのける。決して真面目な優等生ではない。

そこが試合ではプラスに作用している。ちゃらんぽらんにやっているように見えて、大事な試合での集中力、爆発力は誰にも引けを取らない。「不真面目な優等生」の典型なのだ。

私が実際に受けたり、対戦してきたエースの中で、「真面目な優等生」だったと思うのは唯一、杉浦忠だけである。

エースと呼ばれる投手たちは、常に「自分が一番」と思っているから、他人と比べられるのが大嫌いで、他の投手のことは平気で悪く言う。だが、杉浦の口から他人の悪口を聞いたことは一切なかった。

エースに限らず投手というのは自分しか頼るものがないから、神経質で自己中心的になりがちだが、杉浦はチームのために自分が我慢するのをいとわなかった。そうでなければ、日本シリーズ四連投四連勝なんていう無謀な起用に黙って耐えることはできなかっただろう。

頼まれればイヤとは言わない、男にも女にも優しい、ほんとうに「投手らしくない投手」だった。

だから、私はエースにふさわしい投手を見い出すには、杉浦と正反対の性格の投手を探せばうまくいくかも知れない、という視点をもつようになった。

マー君、田中将大起用術

近い将来、松坂大輔やダルビッシュ有に肩を並べる球界のエースになるのではないか。そう私が期待しているのが楽天のマー君こと、田中将大だ。

甲子園のヒーローとして、鳴り物入りで入団してきたが、私は期待半分、疑い半分で見ていた。今のマスコミはプロで何の実績も残していない選手でも、むやみに持ち上げてスポイルしてしまうからだ。

しかし、二〇〇七年、沖縄・久米島の春季キャンプでユニフォームを着て体を動かしている彼を見て、「これは一年目から期待できるぞ」と直感した。あれだけブレーキのある変化球を投げる投手は、プロでもそうはいない。高卒ルーキーにしては体がしっかりしている。炎天下の甲子園で二日間投げ抜くことができたのは、この体があったからだと感じた。

話をしてみると、いっそう期待が膨らんだ。決して口数が多いわけではないが、こちらの話をよく理解し、はっきり自分の考えを口にすることができる。プロとしての絶対条件である気力・体力・知力を兼ね備えた、相当の逸材だと確信した。

それだけに、デビューのさせ方には気を遣った。新人のデビューのさせ方には二通りの起用法がある。一つは比較的ラクな相手、ラクな場面を選んで無難に切り抜けさせ、徐々に自信をつけさせるやり方。下位チームを相手にした大きくリードされている場面、できればホームの試合が望ましい。

もう一つはいきなり強敵にぶつける起用法である。「思い切ってやってこい」と送り出し、打たれても結果は問わず、うまく抑えられたときは派手に褒《ほ》めて自信をつけさせる。

つまり、選手を育てることと自信をつけさせることは、イコールの関係なのだ。

ラクな相手にぶつけたほうがいいのは、どちらかというと精神的に線の細い選手である。反対に図太くて、蹴落とされても自力で這い上がってくる力がありそうな選手なら、最初から強敵にぶつけたほうがいい。

田中はキャンプで見た限り、楽天どころか日本の球界を背負って立ってくれそうな素材だった。当然、出だしが肝心だ。

考えた末、私は後者を選んだ。福岡ドームでのソフトバンク戦に先発させることにしたのだ。ソフトバンクは小久保裕紀が巨人から復帰し、横浜から多村仁も加入して、四番・松中信彦と主軸を形成したリーグナンバーワンの強打線と見られていた。福岡ドームはファンの声援が熱狂的で、ビジターの楽天に対する応援はほとんどない。ベテランでもなかなか厳しい環境である。そこにあえてぶつけてみよう。田中なら、もし打たれたとしても、必ず糧《かて》を掴み、自力で這い上がってきてくれるはずだ。

結果はめった打ちだった。二回途中までに四安打を浴び四失点と全くいいところなく打ち込まれた。いくらしっかりしているといっても、ここまで打たれては、自信をなくしてしまうのではないかと心配になるような内容だった。

しかし、田中はしっかり立ち直ってくれた。投げるたびに内容がよくなり、初勝利をあげると、ローテーションの一角を安心して任せられるようになった。

なかでも評価できるのは強敵に強いことだった。デビュー戦で痛い目に遭ったソフトバンクにはその後、四連勝してしっかり借りを返したし、交流戦では巨人の強打線を抑えて勝ち星をあげた。

「マー君、神の子、不思議の子」

田中が投げると、どういうわけか打線がよく援護する。田中が打たれても、リリーフや打線の頑張りで、なぜか負けがつかない。そんな試合が続いたので、私は新聞の見出しを意識して、そんなフレーズを披露したことがあった。

結局、田中は十一勝をあげ、奪三振もダルビッシュに次ぐリーグ二位の一九六個と文句のない成績を残してパ・リーグ新人王に選ばれた。

デビュー戦であえて強敵にぶつけて、自力で這い上がってきて欲しいと願った私の期待は、裏切られなかったわけだ。

欲を出すな！

一年目のマー君に対して、私はほとんど注文を付けなかった。服装、髪型、言葉遣いから投球内容までいろいろ言いたいことがないわけでもなかったが、のびのび育てたかったので、あえて封印した。一年目のダルビッシュのようなやんちゃなところはなく、慢心する性格でもなかったので安心だったのだが。

そのなかでただ一度、はっきり注意したことがあった。西武ライオンズとの試合で、初めての完投勝ちを演じたときのことだ。

この試合で田中は最終回、ストレートで三振を取って格好よく締めようと、力任せにストレートを続けて点を取られ、苦しくなってしまった。かろうじて凌いで勝ち投手になったが、マウンドを降りて出迎える際、私は握手の前に頭を一つコツンとやった。

「わかっとるだろうな」

「ハイ」

短いやり取りだったが、私の様子を見て、田中は意味を理解したようだ。欲を出していたら碌《ろく》なことにはならない。「勝負事は欲から入って、欲から離れる」。つまり、いかに自分の欲を離れてチームの勝利のために必要なことをやるか。将来、エースと呼ばれるような投手になるためには、そのことを常に意識していなければならない。まだ新人だが、今のうちからそのことを忘れないように、というのが私の考えだった。格好よく三振が取りたい。大向こうをうならせるような派手な形で試合を締めたい。投手ならそうした意欲をもつのは悪いことではない。だが、そのために、肝心のチームの勝利がふいになっては何にもならない。

監督生活の中で、自分の欲を優先させて周囲に迷惑をかけた選手を何人も見てきた。エースと呼ばれて、わがままに振る舞うのが当然と履き違えてしまった選手もいた。田中には、そういう選手にはなって欲しくなかったのだ。

幸い、一年目の田中は天狗になったり、傲慢に見えることは微塵もなく、順調に成長してくれた。いまどきの高卒ルーキーとは思えないほどだ。田中のご両親には、じっくりお目にかかったことはないが、一度お会いして子育ての秘密を聞いてみたい気がする。

甲子園のヒーローの復活劇

私は田中将大の活躍を見ていて、「アイツと似ているなあ」と感じることがよくあった。アイツとはヤクルトスワローズの投手だった荒木大輔である。

私がヤクルトに来て最初に優勝を争った一九九二年、荒木は、長い故障が癒えて、ようやく一軍で投げられるようになった。

ヤクルト生え抜きの人気選手だから、復帰の舞台には気を遣う。ちょうど、優勝争いの一番白熱した頃だったから、うまく使ってチームの士気を盛り上げようという狙いもあった。

普通は四年もブランクのある投手だから、敗戦処理か中継ぎでの起用が常套《じょうとう》手段である。だが、私は一度リリーフで様子を見たあと、すぐに先発に使った。他の選手にないエースだった男の誇りを、荒木に感じたからだ。

結果は期待以上だった。荒木はよく投げてくれたが、それ以上にファンの盛り上がりが凄まじかった。「荒木効果」に引っ張られて、他のメンバーもほんとうによく頑張った。九月には九連敗をするなど苦しい終盤戦だったが、阪神・八木裕《ひろし》の幻のサヨナラホームランをレフトの飯田哲也が血相を変えて抗議し、時計の針が零時を回った延長戦を引き分けに持ち込んだ試合は大きかった。こうしてチームの士気が上昇し、接戦をなんとか乗り切ることができたのは、荒木の復活も関係していた。

荒木は外見はおとなしい優男だが、内面は強気で攻撃的な、いかにも投手らしい性格の持ち主だった。ケガを克服してきたことに加え、高校一年生から甲子園で活躍し、大舞台の経験も豊富だったので、勝負度胸は抜群だった。

荒木と田中は、顔はだいぶ違うが、ともに優しそうな雰囲気は共通している。内面に強いものを持っているのも同じだ。そして投げるたびに周囲にいい影響を及ぼす点も共通していた。

甲子園のヒーローは、やはりプロに入ってもヒーローであって欲しい。ファン同様、我々だってそう思う。

プロ野球は、なんといっても「人気商売」である。人気とは人の気持ちを摑《つか》むことだ。これは並大抵のことではない。どんなに好成績、大記録を作っても、それだけで人の気持ちを動かせるというものではない。

私はさまざまな記録をつくったが、人気の点では、ついに長嶋や王にはかなわなかった。「記録ではこっちが上だ」と思っても、人気だけはどうすることもできない。

その点、荒木は選手としての実績は目立つものではなかったが、人の気持ちを動かす何かを持ち合わせていた。田中にしても、大記録をつくる要素はもちろん、人の気持ちを動かし、活気づけるものを間違いなく持っている。だからこそ、まっすぐに成長して欲しいと願うのだ。

ヤクルト川崎蘇生術

ダルビッシュ有にしても、田中将大にしても、肉体的な素質には恵まれているし、性格的にも強くしたたかなものを持っていて、順調にエースへの道を歩んでいる。こういう選手ばかりなら監督、コーチは苦労しないが、実際には、素質には恵まれていながら、ちょっとしたことでそれを開花させられず、苦労する選手も多い。

ヤクルトスワローズで最多勝や日本シリーズのMVPを獲った川崎憲次郎は、そうした選手の代表だった。川崎はヤクルトの投手陣のなかでは抜群の球威を持っていて、高卒二年目から続けて二桁《けた》勝利を挙げるなど、将来のエースと期待される素材だった。

ところがどうも被本塁打が多い。性格的におとなしく、内角に投げるストレートがどうしても甘くなって狙い打たれる。そのうち故障で一年を棒に振り、すっかり自信を失ってしまった。

私は内角をきちんと攻める投球ができさえすれば、まだまだ通用すると思っていたので、川崎にシュートを覚えるように奨《すす》めた。私が現役の頃には、シュートを武器にする投手がたくさんいたのだが、巨人・江川卓の出現以降、シュートを使う投手が少なくなっていた。江川の力量からすれば、ストレートとカーブの二種類の持ち球で充分通用した。その後、なぜか、「シュートはひじを悪くする」という誤解が広がり、あまり使う投手がいなくなっていたのだ。

そんなはずはない。シュートを多投してひじを壊した投手など実際にはあまり聞いたことがない。私はシュート投手として一世を風靡《ふうび》した元巨人の西本聖にシュートがひじに影響するかどうか聞いてみた。

「全然関係ありません。シュートはひじではなく、人差し指にちょっと力を入れて投げるものなんです」

それが西本の答えだった。

私はそれに自信を得て、川崎にシュートの練習をさせた。故障あがりだったこともあり、最初は抵抗もあったようだが、自分の生きる道はこれだと思ったのか、練習に励み、シュートを己のものにした。

それまではストレートとフォーク中心の組み立てだったが、そこにシュートが加わったことで、川崎の投球は一変した。面白いように内野ゴロが取れるようになる。被本塁打も減った。打ちごろの内角にまっすぐが来たと思って打者が手を出すと、体のほうに喰い込んでゴロになってしまう。

あまり打者が詰まるので、ベンチから見ていた投手の伊藤智はリードしていた古田敦也に、「川崎さんのシュートはどれくらい曲がるんですか」と訊《き》いてきた。伊藤智は三十センチほども内側に喰い込むと思っていたらしい。古田は「ほんのこれぐらいだよ」と指を五、六センチ広げて見せていた。それぐらい曲がれば、シュートとしては十分なのだ。

いずれにしてもシュートを身に付けたことで、川崎は持っていた素質を開花させ、最多勝を取って、エースと評価されるような投手になった。

彼は今、テレビの解説をしているが、いまだに「僕が勝てるようになったのは野村監督のお陰です」などと言う。去年の日本シリーズの際にも、「あのときシュートを身に付けていなければ、僕は勝てていません」などとカメラの前で語っていた。いささか面映《おもはゆ》いが、確かに、あのときシュートの体得に踏み切らなければ、彼の投手生活はそこで頭打ちになっていたかも知れず、彼がいまだに感謝してくれる要因なのかもしれない。

ブンブン丸をやめろ！

エースや四番のようなスター選手は、自分がどう見られているか、想像以上に気にするものだ。ファンのイメージを壊してはならないという使命感は大事だが、うわべだけの中身のないイメージばかりにこだわると、本人にとってもチームにとってもいいことはない。

私がヤクルトスワローズの監督を引き受けた際、一番の人気選手といえば池山隆寛だった。豪快なスイングで本塁打を量産するが、一方で三振も外国人並みに多いという選手で、メディアは「ブンブン丸」などと呼んでいた。

しかし、私には、そうしたニックネームはかえって彼をスポイルしているようにしか思えなかった。バットをブンブン振り回し、三振の山を築けば、メディアやお客さんは喝采するかもしれないが、チームにとっても彼自身にとっても得るものは少ない。もっと空振りを減らし、確実性を身に付けるスタイルに変えるべきではないか。

私は忠告すべきかどうか、かなり悩んだ。私のアドバイスは、彼の持ち味である豪快さを殺すことにはならないだろうか。それにヤクルトきっての人気選手でもある。打撃スタイルを変えて、本塁打の数が半減するようにでもなったら、人気や観客動員に響かないか。

迷った末に、やはり私は忠告することにした。

「ブンブン丸と言われているが、それで気持ちがいいか。ブンブン振って三振ばかりしたらチームはどうなるんだ。もう、そんなニックネームで喜んでいる場合じゃないだろう。お前はチームの柱になってくれなきゃ困る選手なんだ。せめてツーストライクに追い込まれたら、ブンブン丸はやめろよ」

おそらくそんなことを言われたのは初めてだったろう。今まで彼の周りには、「豪快なスイングだ」と褒《ほ》める人はあっても、「そんなに振り回してどうする」などと言ってくれる人はいなかった。それなりの結果が出ているときは、誰でも、ちやほやしがちなのだ。

だから、私の忠告に池山は驚いたと思う。反発覚悟の忠告だったが、池山は案外、素直に私の言うことを聞き入れてくれた。そして確実性を高める打撃に変えようと、彼なりに努力した。私がアドバイスして以降は、不名誉な三振王にはならなかった。私のヤクルトでの三度の日本一は、彼の貢献によるところが少なくない。

もし彼が「ブンブン丸」のスタイルを続けていたら、確かに通算本塁打などはもっと多くなったかもしれない。しかし、それではチームメイトの信頼は得られなかったろう。確実性を求める打撃に変えたことで、チーム内の信頼度は確実に高まった。

「ファンのイメージを裏切る」とか、「自分がイメージする打撃じゃない」というように、妙に自分のスタイルにこだわらなかったことが、彼を中心選手として成長させたように思う。

ヤクルトでの日本一の栄冠三度のプロセスには、こうした主力選手たちとの格闘と信頼関係の構築が絶対条件としてあったのである。

第三章

指揮官とは説得業である

——リーダーの器

プレーイングマネージャー就任

私が最初に監督になったのは一九七〇年、三十五歳のときだった。自分で望んだわけではない。当時、私は南海ホークスの四番で捕手、自他共に認める中心選手だった。その私が、選手兼任の監督を要請されたのは、チームがかつてない危機的な状況に陥っていたからだ。

南海は一九五〇年にセ、パの二リーグに分かれたあと、パ・リーグのリーダーとしてほとんどのシーズンを優勝か二位で終えてきていた。しかし、一九六六年にリーグ優勝をしたあとは徐々にチーム力が衰え、鶴岡一人監督から飯田徳治監督がバトンを引き継いだ一九六九年には、はじめて最下位という屈辱を味わった。

大エースの杉浦忠は酷使がたたって一九七〇年シーズン限りでユニフォームを脱ぎ、打者も私のほかに頼れる選手がほとんどいない。チームを強化しようにも、親会社の南海は大阪では有名なシブちん（ケチ）で、補強もままならない。本来なら外部から優秀な監督を連れてきて再建するのが筋だったのだろうが、そんなカネもやる気もない。そこで六九年のシーズンが終わったあと、私に白羽の矢が立ったわけだ。

最初、監督に就任しないかという話があったとき、私は信じられなかった。当時、十二球団を見渡すと、監督といえば、三原脩《おさむ》、水原茂、西本幸雄といった大学出の人がほとんどだった。

「野球の世界も結局は学歴社会なのか」

そう感じることが少なくなかった。高卒のテスト生から這い上がった私が、指導者になるなど一〇〇％あり得ないと思っていた。

ベテランと呼ばれる年齢になっていた私の、将来の夢は野球評論家になることだった。三十歳を過ぎた頃から、優勝を逃した年は、テレビ局や新聞社から日本シリーズの解説や評論原稿を依頼される。

「これもひとつのチャンスだ」

私はそういう依頼を積極的に引き受けた。自分の野球選手としての能力をすべて出し切り、ファンの人たちに野球の奥深さを知ってもらおう。決して喋ったり書いたりするのが得意なわけではなかったが、私はそうした依頼に全力で応えた。幸い反響がいい。

「野村はいいところを見ている。よく勉強している」

「野球を知っているね」

周りからいい評判が聞こえてくれば、こちらも励みになる。

「よし、オレは将来、日本一の評論家になってやる」

そう決心し、今まで以上にひとつのプレー、ひとつの試合を注意深く観察するようにした。そんな積み重ねが監督就任の依頼につながったのかも知れない。

監督就任要請は大変光栄ではあったが、三十代半ばでテスト生から這い上がり、中心選手として摑《つか》んだ四番と捕手の座を捨て去る決心がどうしてもつかなかった。一旦、私は就任要請を断った。しかし、球団は諦《あきら》めてくれない。フロントからの要請は選手との兼任。選手のいない昔の野球ならいざ知らず、常識的にはとてもできるものじゃない。

選手兼任で監督になったときのことを想像してみる。キャンプからシーズン、監督としての仕事に集中しようとすると選手の仕事が疎《おろそ》かになる。不調から抜け出そうと、選手としての練習に励んだりすれば、監督業まで手が回らない。どう考えてもできるものではない。ところが会社は聞き入れてくれない。川勝オーナー直々に、「最下位になった南海を立て直すのは、野村君、キミしかおらんのだ。何とか引き受けてくれないか」と説得される。こうなってはもう、断ることはできない。私は、ある条件をつけて、監督を引き受けることにした。

参謀の重要性

ある条件とは、助監督のような仕事もできるヘッドコーチをつけてもらうことだった。その人物の腹案もあった。南海ホークスでこの年まで三シーズンプレーしていた元メジャーリーガーのドン・ブレイザーが意中の人物だった。

ブレイザーは私に野球を考え直すチャンスを与えてくれた選手である。入団二年目に来日したヤンキースを見て、マントルはじめメジャーリーガーのパワーに圧倒された話はすでにした。しかし、パワーがあまりに凄まじかったので、メジャーの野球というものは、ともすれば力任せの単純なものという考えが私にはあった。当時来日する外国人選手も、一流のメジャーの選手はほとんどおらず、3Aクラスの選手が中心だったから、余計そうしたイメージが強かった。

ところがブレイザーは全く違っていた。彼はカージナルス、ジャイアンツなどでプレーしたバリバリのメジャーリーガーだったが、二塁手というポジションの関係か、実によく考えた緻密《ちみつ》なプレーをする。見ていて感心した私はメジャーの情報が知りたくて、何度も彼を食事に誘い、野球談議にふけった。ブレイザーなら選手兼任の私の足りないところを補う参謀になってくれる。ブレイザーがいてくれるなら監督を引き受けてもよい。

オーナーもこの希望を聞き入れてくれて、ブレイザーをヘッドコーチにすることにした。そして一九七〇年、「野村―ブレイザー」のコンビが率いる新生南海ホークスが船出した。ブレイザーは期待通りだった。彼の考え抜かれた野球は、それまで長く南海のカラーになっていた鶴岡監督流の精神野球、根性野球に染まった選手に確実に浸透していった。

例えば、ミーティングで彼はあるテーマを出す。

「走者一塁でヒットエンドランのサインが出たらどうする?」

普通の答えは「とにかくゴロを転がす」だ。ところがブレイザーはその答えでは納得しない。「それだけか?」と答えた選手に訊《き》き返す。選手は答えられない。ブレイザーは言う。

「転がすだけでは足りない。セカンドとショートのどちらがベースカバーに入るかを読め。そしてカバーに入るほうを狙って打て。それが答えだ」

では、どちらがカバーに入るか読むにはどうするか。「野手の間には必ずサインがある。よくやるのはグラブで方向を示してどちらが入るかを確認するやり方だ。注意深く観察していれば、それで入るほうがわかる」

しかし、話はここで終わらない。

「ふたりの間のサインは、捕手が投手に出すサインを見て出される。つまり、捕手がインコースのサインを出せば、打球はショートに飛ぶ確率が高いから、そのときはセカンドがベースに入る。アウトコースならその逆。だから外角球はショートへ、内角球はセカンド方向へ打てる練習をしておくように」と指示した。

プレーが細かくなった最近の野球からすれば当たり前のようだが、三十七、八年前にすでにこういう考え方を選手に教えていたのだから、やはりブレイザーの野球は先進的だった。ブレイザーに影響され、私は以前にも増して、「シンキング・ベースボール」つまり〝考える野球〟頭を使った野球の魅力にとりつかれ、チームとしてそれを推進していった。

精神野球への反発

私が「考える野球」に惹《ひ》かれ、それを推し進めていったのは、監督になるまでやってきた野球にどうしてもなじめないものを感じていたからでもある。

私は十五年間、鶴岡監督のもとでプレーした。南海＝鶴岡野球、私にとっての監督は鶴岡さんをおいて他になかった。

鶴岡監督の野球は、ひと言でいうと根性野球、精神野球である。戦前からの名選手で、特攻隊の中隊長を鹿児島県の知覧基地で務めた軍隊経験もある。真剣の刃渡りをするような精神野球の本家、広島商業の出身ということもあるだろう。ともかく「気合だ！　根性だ！」と選手の尻を叩く監督だった。

もちろん、一方で、日本ではじめて専任のスコアラー（「尾張メモ」で知られる元毎日新聞記者出身の尾張久次氏）を置くといった先進的なこともやってはいたが、選手に対しては、常に「精神力」を求める監督だった。

そういう考え方だったので、捕手に求めるものもはっきりしていた。捕手というのは体が頑丈で、肩が強ければいい、黙々と投手の球を受け止めていればいい、という考え方である。

若い頃は、ただ言われるままに、頑丈な捕手になろうと努めたが、次第にそれだけでは満足できなくなった。きっかけは例えば次のような出来事だった。

打たれてベンチに引き揚《あ》げてくる。監督が怒鳴る。

「何のサインを出したんや！」

「まっすぐです」

「バカタレ！　プロだぜ、プロ！」

私は「ああ、あーいう局面ではまっすぐを投げさせてはダメなんだな」と思い、次に同じような状況になったケースに、変化球を投げさせてみた。すると、また打たれる。

「何のサインを出したんや！」

「カーブです」

「バカタレ！」

まるでコントのようだが、実際にあったことである。まだ若かったので、私は本当に訳がわからなくなり、このままでは一生悔いが残ると思って、怒鳴られることを覚悟して監督室に赴いた。

「監督、ああいう場面では、どういうサインを出すのが一番いいんでしょうか」

「何ぃ、勉強せえ！」

話はそのひと言で終わった。「バカタレ！」というのは広島出身の鶴岡さんの口癖みたいなものだったから、あんまり気にならなくなっていたが、流石にこのときは堪《こた》えた。

もう、誰にも頼ることはできない。自分の頭で考えてゆくしかないんだ。そう決意した。

おそらく鶴岡監督は、そうやって突き放すことで、選手が自分の頭で何かを考え掴《つか》みとることを狙っていたのだろう。だが、一方的に突き放されると、反発して自分で這い上がろうとする選手がいる一方で、そのままやる気を失う選手もいる。そういう選手も少なくなかったのではないか。

私が根性野球に反発し、新しい捕手像を模索するようになることは、鶴岡監督には不愉快だったようだ。もともと叱られ役のようなところがあったが、チャンスで凡退したり、投手が打ち込まれたりすると、他の選手の前で叱責されることが多くなった。私はそれに反抗するようなことはなかったが、かといって無理に監督に擦《す》り寄ろうともしなかった。年を重ねるうちに監督から「嫌われているな」と感じることが多くなったのは、そうした事情が背景にあったからだろう。

ケナして育てる

サラリーマンは、「上司は選べない」などと言われる。野球選手も同じで、監督を選ぶことはできない。私は鶴岡監督の考え方に疑問を感じることが多かったが、だからといって何から何まで鶴岡さんと反対のことをやったわけではない。むしろ、選手との接し方、育成方法などは、鶴岡監督の影響が大きいのではないかとさえ思う。

鶴岡監督は、自分のチームの選手を絶対に褒《ほ》めない人だった。間接的にマスコミを通じて褒めることはあっても、直接的にはケナして育てるという方法論である。忘れられないひと言がある。

「お前は安物の投手はよく打つが、一流は打てんのう」

一流とは西鉄ライオンズのエース、稲尾和久のことである。私は稲尾攻略に手を焼いていた。稲尾のような大投手は、私に限らず、ほとんどの選手が苦手にしているのだが、四番が打てないと目立つし、チームの士気にも響く。そのことは十分に理解していた。それだけに鶴岡さんのひと言は悔しかった。実際に打っていないのだから、文句を言われても仕方がない。だが、自軍の選手が、苦手を克服しようと苦労している姿は、監督だって見て知っているはずだ。傷口に塩を擦《す》り込むような言葉だと恨んだものだ。

タイトルを獲ったときも、褒めてもらったことは一度もない。

「何が三冠王じゃ。何がホームラン王じゃ。大きな顔をするな！」

大監督の眼からは、私が慢心しているように見えたのかもしれない。昔気質《かたぎ》の人だったから、「実るほど頭《こうべ》を垂れる稲穂かな」というような気持ちを持たせようとする人間教育だったのだろう。

逆に、対戦相手チームの選手はよく褒めた。中西太、山内一弘といった当時のパ・リーグの代表的な打者が好打すると、「あれがほんとうのプロじゃ」と絶賛した。「よう見とけ、お前ら」と何度も言われた。選手の育成法には褒めて育てるやり方と、さんざんケナして反骨精神を引き出すやり方とがあるが、鶴岡監督は後者を狙ったのだろう。

私に限らず、ほとんどの選手を褒めず、厳しく叱責する鶴岡監督にも、一人だけ例外がいた。エースの杉浦忠だ。新人のときから大活躍し、入団二年目にはチーム初の日本シリーズ優勝につながる四連投をやってのけた杉浦は、長嶋茂雄と同窓の立教大学から鳴り物入りで南海に入団した経緯もあって、鶴岡監督から見て特別の存在だったようだ。

一九五〇年代、六〇年代のプロ野球は今よりもずっとエースに依存する度合いが大きかった。三連戦の頭に先発し、三戦目にリリーフするなど当たり前だった。だが、そうやって厳しいローテーションで杉浦を起用するときは、「すまんなあ、スギ、行ってくれるか」と、鶴岡監督は優しい声をかけていた。

私はキャッチャーとして、自分が受けたなかで杉浦が最高の投手だと思っていたし、その穏やかな人柄も大好きだったが、いくらエースといっても、他の選手とは一八〇度異なる監督の接し方は、どうしても納得できなかった。

名将の陽動作戦

一九五〇年代から六〇年代にかけて、「三大監督」などという言い方がされることがあった。南海の鶴岡さん、西鉄の三原脩さん、巨人、東映の監督をされた水原茂さんを指してそう呼んだ。三人とも戦前に六大学野球でプレーし、プロ野球の草創期に身を投じた先駆者で、監督としても日本一の経験を持つすぐれた指揮官だったから、そうした呼ばれ方も大げさではなかったかも知れない。

だが、近くで接してみると、大監督でも疑問に思えること、あまり尊敬できないと思うことが少なからずあった。例えば、南海の最大のライバルだった西鉄を率いた三原監督は、「名将、知将」などと言われ、今でも絶賛する人が多いが、ライバルチームにいた私などには「いけすかないオッサン」に思えることもしばしばだった。

三原監督は鶴岡監督とは正反対で、自軍の選手は徹底して褒《ほ》める。チェンジになって、選手がベンチに戻ってくると、先頭に立って抱きつかんばかりに出迎える。優しく背中を叩く。言葉をかける。自宅に選手を呼んで、食事をさせたり、酒を酌み交わすといったこともよくあったようだ。

アフターケアも熱心だったらしい。エースの稲尾は酷使と言われても仕方ないような使われ方をしたが、その代わり三原さんは高級料亭に稲尾を連れてゆくなど、鶴岡さんのもとでプレーした私などからすると、信じられない話である。

そのように、味方には優しく甘い三原監督だが、相手の選手は徹底的に敵視した。ある日、大阪球場の入り口のところで、入ってくる三原さんと鉢合わせしたことがあった。対戦相手の監督とはいっても、試合前のことなので、普通に「こんにちは」と挨拶すると、「フン」という表情でそっぽを向かれてしまった。いくら大監督とはいっても、お互いスポーツマンなのだから、和気藹々《わきあいあい》と挨拶ぐらいすればいいのに。腹が立つより、寂しい気持ちになったものだ。試合中、こちらを見ながら人を小馬鹿にしたような含み笑いをするのもイヤだった。

また三原監督は、メディアを使って相手を挑発するのが得意だった。のちに近鉄の監督になって、南海といわゆる「天王山」のような試合を迎えたときのことだ。

「南海に勝つには、まず、あの野村の顔を、ブタの腐ったような顔に変えてしまうことだ。そうすれば勝てる」

当時、私は太めで丸顔だったから、その私を怒らせて冷静さを失わせろという意味だったのだろうが、それにしても、ずいぶん酷《ひど》いことを言うものだと腹が立った。あとになって、あれは挑発する陽動作戦だったのだと気が付いたが、外見を取り上げて挑発の材料にするのはいただけない。

世間では大監督と言われていても、それは成績に対する評価だから、そのまま人間性まですばらしかったかとなると、これは別の次元の問題である。

川上巨人の執念

私が監督としてほんとうに尊敬し、目標にしたのは巨人の川上哲治監督である。今でも目標だ。V9を成し遂げた常勝巨人の大監督と万年最下位チームを引き受ける再生屋の私とでは正反対のように思われるかもしれないが、何かあると「川上さんならどうするだろう」と考えてみるのが私の思考スタイルなのだ。

川上監督のほうも、選手としての私を買ってくれていたようで、日本シリーズで巨人が南海以外のチームと対戦する際には、信頼していた捕手の森昌彦（のち祇晶、元西武監督）を私のもとに情報収集に遣《つかわ》して、対戦相手のデータを聞き出そうとした。森とはそれがきっかけになり、親しくなってゆく。

私は森が来ると、パ・リーグの情報はそこそこに、こちらから川上監督の話をいろいろ聞き出した。何年も連覇を続けている監督の考え方というものに興味があったのだ。

「なあ、川上さんはどんなミーティングをするんだ？」

「オヤジさんは、ミーティングでは野球の話はほとんどしないね」

「えっ、じゃあ、何の話をする？」

「人間学、社会学みたいな話がほとんどさ。オヤジさんは禅に凝《こ》ってオフには座禅に行っているし、大企業の社長なんかと話す機会も多い。そこで聞いた野球に役立ちそうな話をしてくれるんだよ」

私は森の話を聞いて、ほんとうに感心してしまった。考えてみれば、野球の戦術や技術的な問題はコーチが指導するテーマだ。監督は組織全体を見るのが役割だし、ただチームを勝利に導くだけでなく、若い選手を預かり、人間的にも一人前の人物に育ててゆく役目を担っている。人間形成だ。それには「勝て、頑張れ」と尻を叩いてもダメなのである。禅寺で聞いた話、大企業の経営者の体験談、リーダー論など、野球以外の先達の話をしてやることのほうが遥かに役に立つ。当時、そんな話をする野球の監督は川上さんをおいて他にはいなかった。

先輩監督を引き合いに出して申し訳ないが、「悲運の名将」と言われた元近鉄監督の西本幸雄さんが八度のリーグ優勝を果たしながら、なぜ日本一になれなかったのかを考察するとき、川上監督が人間教育に力点を置いたこととの相違がある。西本監督の情熱は技術面、特に打撃面に注がれた。打撃練習がはじまると一時も離れない。凄まじい情熱だった。

コーチの仕事の七〇%~八〇%は練習時間の中にある。西本監督の指導法は、ある意味、猛烈な打撃コーチであった。それが「いてまえ打線」の礎を築かれたのであるが、投手の指導や人間教育を施されることはなかった。「いいピッチング・コーチはいないか」と尋ねられたことがある。「ブルペンへは行かないんですか」と訊《き》いた私へのお答えだった。同い年のおふたりの監督の決定的な違いがそこにある。

もう一つ、私が感心したのは川上監督の勝利への執念だ。人間、誰でも日本一になるとうれしいものだ。私も一九九三年にヤクルトスワローズを率いて西武ライオンズを破り、日本一になったときは自然に表情が緩んだ。当時の写真はいつも破顔一笑して映っている。一度勝ってしまうと、我々のような凡人は、意識しなくてもつい気が緩む。私もヤクルト時代は三度日本一になりながら、連覇は一度もできなかった。だから、日本一になったことのある監督よりも、一度もなったことのない監督のほうが勝利への執念は強く持っている。

よく、「日本一の実績を引っさげてチームの立て直しに挑む」などと言われるが、「日本一の実績」などはかえって邪魔になるケースもある。勝利への欲望の濃度が異なるからだ。ところが、川上監督は勝っても勝っても、勝利への執念を失わなかった。ONを筆頭に、日本一の戦力を持ちながら、毎年のように補強をし、レギュラー陣に危機感を持たせた。キャンプにおいても、年を重ねるほど情報統制が厳しくなり、マスコミを泣かせた。リーグ優勝だけで満足することは決してなかった。

普通の人間は、日本一になったらどこか、ほっとするものだ。それなのに、来年も、再来年もと自分に鞭打つのは、なかなかできることではない。そういう意志の強さはどこから出てくるのか。戦争体験があるからかも知れない。「勝って兜《かぶと》の緒を締めよ」の哲学と思想が染み付いていたのだろう。

もう川上さんが監督をされていた年齢を遥かに超えてしまった私だが、いまだに川上監督の域には達していない、としみじみ思う。

鉄は熱いうちに打て！

一人の選手として鶴岡監督の指導法に疑問を抱き、反発することの多かった私だが、自分が監督になってみると、知らず知らずのうちに鶴岡さんのリーダー像を踏襲しているのに気付いた。身に付いてしまっていたのだ。

私は選手を褒《ほ》めることは、ほとんどない。まさに鶴岡式だ。仮に、マー君を褒める際も、間接的にマスコミ通じてのみである。ベテラン選手などは、私がめったに褒めないのをよく知っているから褒められなくても平気な顔をしている。

私に限らず、指揮官というものは自分が選手時代にプレーした監督の影響を強く受けている。西武や横浜で監督をした森祇晶は、明らかにV9の名将、川上哲治監督の影響を受けていた。「石橋を叩いてもなお渡らない」などと言われた慎重な作戦、相手の弱点を徹底的に調べて突いてくる采配、マスコミへのそっけない対応など、ほとんど川上さんのコピーと言ってもよい。

森と対照的な野球を繰り広げた長嶋茂雄は、川上さんよりも立教大学時代の監督、砂押《すなおし》邦信さんの影響を強く受けているように思う。長嶋の采配は、「カンピュータ」などと呼ばれるひらめきを重視したものだったが、基本には猛練習で個人の能力を鍛えるという考え方にある。第一次巨人監督時代、秋のキャンプで若い選手を集めて猛練習をさせたことがあったが、あれなどは典型的な砂押式だった。

星野仙一は明治大学の島岡吉郎監督直伝の「人間力」野球だろう。ときには鉄拳制裁も辞さない厳しさと情に訴える選手起用、その一方で、作戦は投手力を基本にしたオーソドックスなもので、奇策はあまり用いない。

近鉄、オリックスの監督をやった仰木彬《おうぎあきら》は西鉄を率いた三原脩《おさむ》監督そっくりだった。少し気取って上を向きながら出てくる歩き方、選手交代や抗議のとき、わざと遅れて現れるじらし方、打順をめまぐるしく変える選手起用など何から何まで三原流だった。

こうして見てくると、高校を出てから二十二、三歳ぐらいまでの間に仕えた監督の影響が、自身が監督になったときに現れてくるように思える。高校生の頃は、野球のことなど何もわからない。指導者に言われるままにプレーしている。野球の専門知識について考えるようになるのは二十歳から二十五歳ぐらいの間だ。その間に受けた影響は決定的なものになる。

「鉄は熱いうちに打て！」

一昨年から私が引き受けている楽天には有望な若手が少なくない。特に二〇〇七年はマー君こと、田中将大を筆頭に、捕手の嶋基宏、投手の永井怜など一軍でも通用する新人が一度に入ってきた。だから、私はコーチ陣に常に言って聞かせている。

「今が大事だぞ。しっかり教育しておくんだ。原理原則に則って、正しい方向に導いてやれ。この一、二年が彼らが大きく育つかどうかの分かれ道なんだ」

よく「石の上にも三年」と言う。三年の間に基礎を固めれば、将来まで長く活躍できる。反対に三年を疎《おろそ》かにすれば、せっかくの素質も、十分に花開かずに終わってしまう。もし彼らが柔らかい頭で私の影響を良い意味で受けてくれるなら、彼らは「考える頭脳」をもった野球選手になり、もしかすると、なかには知将と呼ばれるような監督も、将来的に現れるかもしれない。

「野村の組閣」〝古田監督―野村ヘッド〟なら成功したかも……

「自分が監督になった際には、自分が若い頃に仕えた監督の影響が現れる」

このセオリーが正しいとすれば、去年までヤクルトスワローズの選手兼任監督をした古田敦也などは、私の影響を受けているはずだ。古田がヤクルトに入団した一九九〇年は私が監督に就任した最初の年だったから、選手生活の半分以上は私が監督だったことになる。しかし、彼は私の影響、野村流と言われるのがあまりうれしくないようだった。

彼が監督に就任したあと、あるテレビ番組のインタビューを偶然見たことがあった。インタビュアーは「野村の影響」という結論を導き出したい様子で、そういう言葉を引き出そうとさかんに誘導的な質問をする。ところが古田はそういう意図がわかっているのに、なかなか「野村監督のお陰です」などとは言わない。しびれを切らしたインタビュアーが強引に同意を求めるように「野村監督の存在は大きいでしょう?」と訊《き》くと、ようやく「監督のお陰です」といった。「古田らしいなあ」と見ていて苦笑してしまった。

彼は選手としては素晴らしいものを持っていたし、実績もあげた。三度の日本一など私のヤクルトでの成果も、彼がいなければ達成できなかっただろう。それは認める。しかし、人間的には疑問を感じることもある。自信を持つのはいいが、少し周囲に対する感謝の気持ちが足りないのではないだろうか。

彼が選手兼任監督としてチームを率いると聞いた際、当然、経験者である私はずいぶんその是非を問われた。

「無理だ。兼任監督は止めたほうがいい」

私は尋ねられるたびにそう答えた。私の現役時代でも相当大変だったのに、野球の作戦が緻密になり、育成、強化から試合の指揮まであらゆる面で組織的におこなわなければならない現在の野球界で、選手をしながら監督をやってよい結果を残すというのは不可能に思えたからだ。案の定、選手としてはほとんど出場することができず、監督としても成果をあげられないままユニフォームを脱いだ。

私が選手兼任に否定的だったのは、もうひとつ理由がある。ヘッドコーチの存在だ。私にはブレイザーという参謀がいた。先にも書いたように、ブレイザーは、私が心服するような深い野球の知識、独特の思考法を持っていた。私が選手兼任である程度の個人成績もあげながらリーグ優勝できたのは、助監督の役割を果たせるヘッドコーチの存在が大きかった。

「選手兼任でやるなら、チームを任せられるようなヘッドコーチを置かなくてはダメだ」

アドバイスがあるかと訊かれると私はそこを強調した。それを聞き入れたのかどうかは知らないが、古田もヘッドコーチを置きはした。しかし、ヘッドになった伊東昭光は投手出身である。投手は野球のなかでは独立国で、野手に目配りをしたり、作戦を組み立てるといったことには向いていない。伊東にしても、投手コーチとしてはある程度実績があったかもしれないが、チーム全体を掌握し、監督がプレーヤーとして出ている際にその代役を務めるのはむずかしかったのではないか。

伊東と古田は現役時代から仲が良かった。古田の結婚式の仲人だったはずだ。いわば「お友達内閣」だ。派閥人事やお友達内閣がうまくいかないのは、野球でも政治でも同じである。日本の野球は監督、コーチの人事になると、昔から能力よりも情実主義というか、お友達同士で集まる傾向があったが、ジャイアンツで長嶋監督のあとを継いだ原辰徳が現役時代に仲のよかった連中をまとめてコーチにしたあたりから、その傾向は一層強くなった気がする。だが、能力主義を取らないとほんとうに強いチームは作れない。冷静に監督として、コーチとしての能力を査定しないと野球界全体もダメになってしまう。

リーダーの力量以上にその組織は伸びない、と言われる所以《ゆえん》である。

私は古田が監督として苦労しているのを見て、「オレをヘッドにすればよかったのに」とある取材陣に話して笑われた。リップサービスの意味もあったのだが、ほんとうにそう要請してくれていたら、成功する自信はある。

「野村監督がヘッドコーチになったら、チームに監督がふたりいるようなものでしょう」

そういう人もいた。確かにそうかもしれないが、ヘッドコーチなどというのは監督に言いたいことを言って嫌われるのが仕事だ。どんな監督でも一〇〇%正しい人間などいない。当然間違った考え、欠点を持っている。そこを冷静な眼で見て指摘するのがコーチ、特にヘッドコーチの役目である。古田に対してそれができるのは何といっても私だろう。

よく、「人は三人の友を持て」などと言う。直言してくれる友、原理原則を教えてくれる友、人生の師と言える友。ヘッドコーチは直言してくれる友なのだ。

楽天での私は、コーチ陣とはだいぶ年齢の差ができてしまったが、だからといって、彼らの発言を聞かないとか、頭ごなしに自分のやり方を押し付けるというようなことは、決してしない。

「お前たちには、決定権はないが発言権はあるんだ。遠慮はいかん」と常々、言って聞かせている。

楽天の監督・コーチのスタッフミーティングでは、打撃コーチに投手陣のことを、ピッチングコーチに打撃について自由に議論させている。これをやらないと、打者から見たうちの投手陣、投手から見た打撃陣という分析をしていかないと絶対に発展的な視点がもてないからだ。

そうしたコーチの直言を「生意気だ」とか「うるさい」と思うようでは、監督業失格である。派閥や縦割りの組織からは、「弱者の戦略」というような大胆な発想は生まれまい。

古田は昨シーズン限りでユニフォームを脱いだが、まだ若いし、どこかで監督として、再チャレンジする機会もあるだろう。その際もし、要請があるなら、ほんとうにヘッドコーチになってもよいと考えている。何といっても、古田は私を日本一にしてくれた捕手だ。どこかで恩返しをしなくては、という気持ちはずっと持ち続けている。

後継者育成論

どんな監督でもいつかは辞めなければならない時が来る。何度も優勝を経験したような監督になればなるほど、後継者選びはむずかしい。ヤクルトの監督をさせてもらった際、就任して日本一になるまでは、「次は誰」などということは全然考えなかった。

しかしある年、若松勉をコーチにしてくれと球団代表から要請があった。

「何とかコーチとして育ててください」

それを聞いてピンと来た。これは若松を私の後継者にしたがっているんだな。だからといって、私は特に不愉快にはならなかった。

球団が将来を見越して、そうした手を打っておくことは悪いことではない。若松は生え抜きの好打者で、口下手だが、人柄はよいし、野球への取り組みも堅実だ。監督になるには学ばなければならないことも多いが、それをクリアすれば何とかなるのではないか。

「わかりました。できるだけのことはしましょう」

そういって私は若松をヘッド格の打撃コーチに据えた。もう私も監督として年齢を重ね、経験も積んでいたので、ブレイザーのようなタイプのヘッドは必要ではなくなっていた。

私は若松に何か相談するというよりも、試合中のポイントになる場面、場面で、「こういう局面ではこうするんだ」「お前はオレのあとに監督をやるんだろうから、しっかり見ておくように」という具合に折を見てアドバイスした。

若松は外野手の出身だ。外野手というのは緻密《ちみつ》さや繊細《せんさい》さに欠ける。基本的には「打つ」「走る」が仕事で、細かいサインプレーや相手の戦法に対応した動き、洞察力などは求められない。だからどうしても全体像を見る眼が育たない。日本の野球の歴史を見ても、外野手出身で日本シリーズを制覇した監督はいなかった。

若松も最初のうちは「外野手目線」からなかなか脱皮できなかったが、私の近くで試合を見るうちに、自然と戦略を考え、最善の戦術を選ぶ能力が高まってきたと思う。

私のあとを受けて監督になり、就任二年目で優勝したのは、コーチとしての経験が生きたのだろう。外野手出身の監督として初の日本一の栄冠だった。

球団とすれば、後継者へのバトンタッチは思惑通り運んだことになる。私と古田の間にあって、監督としての若松はあまり注目されないが、もっと高い評価を受けてもよいのではないかと思っている。

落合采配の深層心理

日本のプロ野球では、監督はその球団のスターだった選手が就任するケースがいまだに多い。生え抜きのスターなら、ファンにもオーナーサイドにも受けがいいと考えるフロントが依然として多いのだ。主力選手だからよい監督になるとか、地味な選手だったからダメだとか、あるいはその逆だとかいうことは、一概には決められない。個人の資質、経験と球団との相性など、さまざまな要素が多分に影響する。

ただ、スター選手だったがゆえの弊害は、何かしらあるものだ。二〇〇七年の日本シリーズなどはそうした問題点がはっきり見えた戦いだった。

最終戦となった第五戦で、中日ドラゴンズの落合博満監督は八回までパーフェクトを続けていた先発の山井大介を降板させ、九回には抑え役の岩瀬仁紀をマウンドに送った。岩瀬は九回を三者凡退で終わらせ、中日は勝って、五十三年ぶりの日本一になった。

山井の交代についてはさまざまな意見が飛び交った。

「完全試合という大記録がかかっているのだから絶対に続投させるべきだった」

これは金田正一さんや星野仙一など投手出身の監督経験者に多い意見だった。

「いや、日本シリーズ優勝がかかった試合なのだからチームの勝利を優先させて勝ちパターンの継投にしたのは当然の策だ」

これはソフトバンクの王貞治監督や阪神の岡田彰布監督など、打者出身の現役監督に多い意見だった。両チームとも岩瀬と似たような強力な抑え投手がいるので、そうした考えに傾いたのかもしれない。『三国志』まで持ち出し「交代は英断だった」といって、落合の采配を擁護した東京都の石原慎太郎知事のような変わり種もいた。

シーズン中の一試合ではなく、日本シリーズの優勝がかかった大一番だっただけに、いろいろな意見が、賛否両論出るのは当然だし、議論はあっていい。

私は、山井の交代には反対だった。勝利が大事なのは言うまでもない。ただ、日本シリーズの完全試合というのはまだ誰も成し遂げたことのない大記録だ。リーダーの役割には、実戦のなかで「何を残すか」というテーマがある。人として生まれた以上、他者からの存在感、価値観で評価される。記録なり名前なり、何かを残したいと考えるのは当然だし、あの試合の山井には、そのチャンスが与えられていた。生涯、プロ野球の歴史に名が残る機会である。

「そう言えば、山井が完全試合をやった年があったなあ」

山井の孫の代までそんな話が交わされる。それを奪うことは、私にはできない。

試合のあと、「マメが潰れて続投できなかった」などという話が聞こえてきたが、たとえ血マメができていたって、あの場面なら投手心理として、腕が折れようが気力で十分カバーできただろう。

ただ、何人かの現役の監督のように、「あの交代は当然」という立場があってもよい。監督は勝利を求めて最善を尽くすのが仕事なのだから。

私が面白かったのは、采配の是非よりも、山井を交代させた落合の心理だった。なぜあの場面で山井を交代させたのか。作戦の面からだけでは理解するのはむずかしい。

私はあの交代は、落合がスター選手だったことと深い関係があると思っている。スターというのはスポットの当たる立場にずっといたわけで、功を人に譲れない。現役を離れてもそのことがなかなか忘れられない。監督になっても常に自分が真ん中にいたいものなのだ。それは落合だけに限らない。スター選手で監督になった人は、多かれ少なかれ自分が注目されることを求めたがる。

まして落合は「オレ流」が看板である。他人と違う、オレらしいやり方というのを常に見せたい心理が強い。あの場面、山井を降板させれば、当然すべての視線は交代させた自分に向けられる。賛否が分かれるのは承知の上である。それがあの交代劇の真相ではなかったか。

オレ流などと呼ばれ、本人もそれを自負しているように感じることがあるが、私の眼から見れば、監督落合の采配は特別に個性的なものではない。一塁に走者が出ればバントで進め、九回にリードしていれば投手の出来に関係なく抑え役を送る。特別な流儀ではない。もし、オレ流というものがあるとすれば、セオリーと奇策の組み合わせが他と違っている場合だろう。正攻法でくる場面だと思われるときに、ポッと奇策を用いる。そういうのをオレ流と言うのならわかるが、落合にはそうした奇策の用い方は感じられない。弱小チームを率いて奇策で強者に立ち向かわなければならなかった私などのほうがよほどオレ流ではないか。

いずれにしてもスター選手から監督になった人は、スター意識を捨てるのがむずかしい。監督としての成功のカギはそれができるかにかかっている。

日本ハム、シリーズ最大の敗因

スター選手を監督に据えてみたものの、思ったような成果が出ない。指導者を一から鍛え上げて、一軍を任せるような仕組みがあるわけでもない。そうなると手っ取り早いのは外から監督を連れてくることだ。日本に比べれば、まだアメリカは無名でも監督に上ってゆく仕組みがあるし、そういう無名の監督なら安い契約で済む。

だから外国人監督は年を追って増え、昨年は全球団の三分の一が外国人監督で占められた。これは寂しいというよりも、情けないことだ。

特にパ・リーグは三年続けて外国人監督が指揮を執るチームが優勝している。日本人監督の一人として、忸怩《じくじ》たる思いだ。

外国人監督だからダメ、と言っているのでは勿論ない。私はブレイザーを外国人としてはじめてヘッドコーチに据えた人間だ。しっかりした能力さえもっていれば、外国人だろうが日本人だろうが、責任あるポジションに据えてチームを強化したほうがいいに決まっている。

野球の技術的な部分に関しては、しっかりした考えをもっているかもしれない。ただ、子どものときから日本の文化、教育のなかで暮らした経験の全くない人間が、日本人選手を導いてやることができるかとなると、やはり疑問はある。野球がただの興行、勝負事ならそれでいいかもしれない。だが私は、プロ野球には人間づくりという役割が最も重要である、と思っている。それを考えた場合、日本人気質を知らない外国人監督に頼るのは疑問なのだ。

最近の例では、二〇〇七年の日本ハムのケースがある。シーズン中の優勝争い、プレーオフ進出争いが一番白熱している時期に、ヒルマン監督の同シーズン一杯での退任が発表された。それだけでもかなり驚きだったが、さらにびっくりしたのは、シーズン中にメジャーのロイヤルズの監督への就任が決まり、日本シリーズの練習をしている最中に渡米して就任会見を開いたことだ。

逆の場合を考えてみよう。ワールドシリーズ出場が決まったメジャーのチームの監督が、来年日本のチームの監督に就任するため、練習期間に来日してお披露目をするなんてことになったら、アメリカのメディアやファンは袋叩きにするだろう。ずいぶんナメられたものだと思うと同時に、意外に平静だった日本ハムの選手たちを見て、今の若い選手はそういうことは気にしないのだろうかと不思議に思ったものだ。

しかし、日本シリーズを見てよくわかった。やはり士気は間違いなく低下していたのだ。それは当然だろう。

「この人は今年一杯で辞めてゆく人だ」と思ったら、選手はそのもとで懸命にプレーする気にはならないだろう。

ヒルマンの態度も不思議だったが、フロントの対応ぶりも気になった。なぜ日本シリーズ直前に、後任の梨田昌孝監督を発表する必要があるのか。しかもコーチのなかにはシリーズを最後に契約を打ち切られる人もいた。ほとんど他球団チームの来期の体制が決まっているなかで、日本シリーズまで働かせておきながら、「ハイ、用は済みました」と契約を打ち切られたら、憤るのは当然だろう。

アメリカ式のビジネスライクな考え方なのかもしれないが、これではほんとうの意味で、選手の人間形成を手助けしてやることはできない。選手の気持ちを無視するのもいいところである。

本来、互角の実力をもつ組織が激突する短期決戦において、明らかに士気を落とさせた。これこそが、日本ハム、シリーズ最大の敗因である。

二シーズン続けて優勝したのだから、ヒルマンの監督としての手腕は、評価しないでもない。ただし、彼が来日した当時は、やみくもに打ってくるだけの力尽くの采配だった。投手にしても、機械的に球数で交代させるメジャー方式で、日本のやり方や、投手心理に合っているとは思えなかった。それを反省し、バントで送るべきところは送る、エースにはしっかり完投させるといった日本的な野球に変えていったことが彼の成功につながった。つまり、彼ぐらいの能力の指導者なら、日本には昔からたくさんいたわけだ。

たまたま外国人監督が成功すると、人物、能力をよく調べもしないで外国人監督を連れてくる。日本の球団にはそうした流行もの好きの傾向がある。

しかし、日本で名監督のように評価される人が、母国では意外に厳しい評価を受けていることだってある。

ヤクルトの監督時代、米国アリゾナ州のユマのキャンプには、毎年、パット・コラレスが手伝いに来てくれていた。コラレスは選手としては控えどまりの捕手だったが、指導者としては評価され、アトランタ・ブレーブスのベンチコーチを長く務めていた。

ある年、彼は自分の他に、練習を手伝ってくれるコーチ補佐のような連中を四人も連れてきてくれた。海外でのキャンプは、連れて行くスタッフが限られるので、これはありがたかった。

昼休み、たまたま彼らと話す機会があった。「今、日本じゃ、メジャー出身のXX監督は名監督だという評判なんだが、本国での評価はどうなんだい」

私がそう尋ねると、四人の反応が面白かった。まるで申し合わせたように、手を頭上から振り下ろし、声を揃えて「NO」と叫んだのだ。これには驚いた。本国での評価と日本

116

での評判がこれほど違うとは思わなかった。

舶来品が好きというのは、私も含め日本人の病みたいなものだ。私は少年時代の貧困生活の反動とコンプレックスから、舶来品の洋服やクルマ、時計を集めるクレイジーな趣味をもつが、野球の監督まで舶来信仰とは。

ただし、アメリカでの評価自体にはそれほどの驚きはなかった。私の眼から見ても、その監督に特別な才気は感じなかったからだ。

しかし、外国人監督が増える背景には、日本人の指導者の不足という事情もある。これは私たちにも責任の一端がある。自分の年齢からいっても、かつて若松を託されたときのように、また将来の指導者、監督・コーチを育てるお手伝いをしなければとも考えるのだ。

フロントも監督も、次期監督の育成を視野に入れて業務を遂行すべきである。

第四章

一流が一流を育てる

——勝負事は〝洞察とギャンブル〟の心理戦である

稲尾が私のレベルを引き上げた

二〇〇七年の十一月、稲尾和久が亡くなった。シーズン中に、福岡でのソフトバンク戦で会ったのが最後になった。そのときは、「ノムさーん、元気？」といつものように明るく声をかけてきていた。健康そのものに見えたのだが。私よりも二歳年下で、亡くなるにはあまりに若すぎた。

稲尾についての思い出は、とても短いページに表現し尽くせるものではない。プロでのキャリアは私のほうが二年先だったが、彼は新人の年からすぐに頭角を現し、二十一勝をあげて新人王、一シーズン四十二勝の偉業を成し、日本シリーズの優勝にも大きく貢献した。テスト生で入った私などと違い、プロに入ったときからすでに大投手だったといってもよい。

稲尾ほどの投手を簡単に打てるはずはない。私も苦労した。特に、私の南海ホークスと稲尾の西鉄ライオンズは常にパ・リーグ優勝を争うライバルチームだったので、南海の中心打者である私は、稲尾攻略を誰よりも求められた。鶴岡監督からきつい言葉をもらったのはすでに書いたとおりである。

稲尾を攻略するにはどうするか。いろいろ知恵を絞る中で、打者としての私は成長することができた。

「一流が一流を育てる」と常々、思っている。一流がいるから、一流を倒そうと努力する。なんとか互角の勝負に持ち込もうと手を尽くす。稲尾は後輩だが、私からすれば、「一流のレベルに引き上げてくれた恩人」といってよいかもしれない。

鉄腕攻略

稲尾はコントロールは抜群だったが、球の速さは大したことはなかった、などという人がいる。とんでもない話である。その頃スピードガンはなかったが、一五〇キロは出ていなくても、常時一四〇キロ台後半のストレートは投げていたのではないか。それに彼の投球にはキレがあった。スピード表示があったとしても、その表示よりも打者の感じる感覚はずっと速かっただろう。

そしてスライダーとシュート。特にスライダーは今多くの投手が投げるカーブとスライダーの中間みたいな半端な変化球ではなく、きれいに横に滑ってストライクゾーンをよぎり、ボールゾーンに逃げてゆく、華麗な球だった。

その上、稲尾には他の投手にない厄介な特徴がもう一つあった。どんな球種を投げるときでもフォームが同じで、クセを見つけるのが極めてむずかしかったのだ。

通常、投手は緩い変化球を投げるときは、注意して見ていると、どこかでフォームが緩んだりする。また、球種によって、ボールの握り方が変わったり、肩の開き具合に違いが出たりといった変化が現れる。打者は、それらを観察することで、狙い打ちすることができる。

ところが、稲尾は常にクセのない安定したフォームで違った球を投げ込んでくる。打者はフォームを見て狙いを絞るのが困難になる。

さらに稲尾は、キレのよいストレートを外角一杯に投ずるコントロールの絶妙さから、審判までも幻惑され、味方につけた最初の投手だった。

何をとっても、打者からすれば厄介な存在の投手だったのだ。

私は稲尾と対戦しはじめた当初は、手も足も出ないという感じではなかった。対戦二年目の一九五七年など二十五打数十安打、本塁打一本、打率四割と打ち込んでいる。しかし、西鉄が奇跡的な追い上げで南海を逆転して優勝した翌五八年は三十二打数六安打、三振十個、打率一割八分八厘とほぼ完璧に抑えられた。稲尾は優勝を争うライバルチームの四番ということで、私を徹底的にマークしたのだろう。次の年もやはりさっぱり打てず、いよいよ手も足も出なくなった。

その頃の私は徐々に配球パターンを読んだり、投球フォームの特徴を見つけたりといった考える打撃を実践するようになっていた。いくら稲尾といっても、どこかに攻略の糸口はあるはずだ。

私はつてを頼って稲尾の投球フォームを十六ミリのフィルムに撮影してもらい、それを部屋に持ち帰って研究することにした。家庭用のビデオはもちろん、簡単に撮影できる八ミリさえまだ出ていなかった頃の話である。その時代に、映画を撮るように相手投手のフォームを撮影し、自分の部屋で見ていたのだから、周りからはずいぶん大げさなことをすると思われただろう。しかし、私にとって稲尾は、それくらいやっても攻略したい相手だったのだ。

最初の感じでは、稲尾のフォームには特徴は見当たらなかった。きれいな安定したフォームで、違った球を投げ込んでいる。だが、ビデオテープが擦り切れるまで繰り返し見ているうちに、かすかなヒントが見つかってきた。ワインドアップして頭上で両手を組む際に、ボールの白が見えるときと見えないときがあるのだ。さらに注意して見ると、ボールの白が見えないときは内角には来ない、白がわずかに見えるときは一〇〇%内角に来るという特徴がわかった。

「これだ！」と思った。稲尾の武器はシュートとスライダーだ。内角に来ないとわかれば、外角のスライダーかストレートに的を絞ればよい。反対に内角に来るとなれば、シュートを打つ用意をしておけばよい。この特徴を発見したことで、対戦成績は確実に向上した。

当時の投手は大まかなもので、ボールの握りを隠すような細かい注意はしなかった。私はそこに着目し、クセを読み取って、大いに打ちまくっていた。流石に稲尾はそこまでのんきではなく、ちょっと見ただけでは握りなどわからないような投げ方をしていたのだが、十六ミリカメラとしつこい情報分析で、クセを見つけることができた。

知力の戦い

これは私にとって大きな財産だった。当然、秘密は独占する。自分が見つけた宝物を、むざむざ人に分けてやるつもりはなかった。

ところが、思わぬところから、私が大変な宝を隠し持っていることが発覚してしまう。ある年のオールスターのベンチ。私とチームメイトの杉浦忠、そして稲尾の三人が並んで腰掛けていた。他愛のない雑談をしていたのだが、突然杉浦がドキッとするようなことを稲尾に言い出した。

「なあ、サイちゃん（稲尾のニックネーム）よー。野村は凄く投手を研究しているんだぞ。ピッチングフォームを十六ミリで撮って分析しているんだから」

私が必死に止めるのも聞かず、杉浦は私の稲尾対策をペラペラ喋ってしまったのだ。ふだん穏やかな稲尾の表情が、一瞬険しいものに変わった気がした。

その場はそれっきりになったが、私は穏やかではなかった。稲尾が自分のフォームを研究されていることを知った以上、彼は私と対戦するときは、今まで以上に用心深く、クセを出さないように注意するだろう。せっかくの苦労が水の泡になるかもしれない。

私は杉浦を恨んだが、杉浦に悪気がないことは彼の性格から充分わかっていたから、あえて文句は言わなかった。他の選手なら一戦交えていたかもしれない。

オールスターのあと、稲尾との対戦がやってきた。私は前と同様、注意深くワインドアップを見た。かすかにボールの白が覗いた。内角だ。私はシュートに狙いを絞った。ところが、稲尾が投げてきたのは外角の際どいところに滑ってゆくスライダーだった。

流石、稲尾と言うべきだろう。このことをきっかけに、「野村は対戦する投手のクセを割り出し、それで球種やコースを絞っている」という評判が広がるようになった。そうなると、いかに鷹揚《おうよう》な昔の選手でも、ワインドアップの際にはボールを隠すようになる。せっかく苦労して見つけたクセも、また一から探さなければならなくなった。

最初はがっかりしたが、そのうち私は「クセを読む」という評判が広がったことを気にしなくなった。相手がそれに何か対抗手段をしてくるなら、こっちはその上を行けばよい。知力と知力の戦い、それがプロなのだと思うようになった。

稲尾とはオールスターで何度もバッテリーを組んだ。長嶋や王を相手にずいぶん投げたはずなのに、ほとんど打者を打ち取った印象がない。それは、私が打者を打ち取るよりも稲尾の手の内を読むことに神経を費やしていたからだ。

当然稲尾も、それは承知だった。だから、私の出すサインどおりには絶対に投げてこなかった。腹の探り合い、化かし合いである。だが、それは野球の楽しさを感じることのできる楽しい探り合いだった。後年、稲尾も自著のなかで、同様の感慨を述べている。

「オールスターは、野村との戦いだった。だから、セ・リーグの打者の記憶がほとんどない」と。

長嶋茂雄と村山実、王貞治と江夏豊など、好打者と好投手が互いに影響を受けて高め合うような関係は過去にも数多くあった。最近では、イチローと松坂大輔の対決がそう言えるだろう。もしかすると、私も誰か投手のよき刺激剤になっていたかもしれない。そう言えば、元阪急ブレーブス（現・オリックスバファローズ）のエース・山田久志投手（前・中日ドラゴンズ監督）が「野村さんと対戦するのが凄く楽しい」と言っていたことがあった。好投手は好打者をつくる教師であり、好打者も好投手をつくる教師だ。稲尾は私にとって最高の教師だった。

勝負事は〝洞察とギャンブル〟の心理戦である

私が稲尾と繰り広げたような腹の探り合い、化かし合いは、神経をすり減らしはするが、野球の奥深さを知る上ではよい経験になる。腹の探り合いなどというと、なんだか政治家の悪巧みのようだが、言葉を換えれば心理への洞察だ。

私が稲尾のクセを見抜き、攻略法を考えると稲尾がその対抗策を打ち出したことは紹介した。しかしそのあとでも、私はある程度、稲尾を打つことができた。それは彼の心理状態を想像し、彼がどんな考え方でいるかをある程度読めるようになったからだ。

私はちょっと珍しい記録を持っている。誰も褒《ほ》めてくれないので、データの話になると自分から持ち出して自慢するのだが、かなり値打ちのある記録だと思っている。それは一シーズンにホームスチールを二回成功させたことだ。これは記録の専門家によると他の誰もやったことがないそうだ。

しかも、一塁走者がスタートを切り、捕手が二塁へ送球したのを見て本塁に突っ込むダブルスチールでのホームスチールではなく、どちらも走者三塁の場面での純然たる単独ホームスチールだった。

「若い頃は、野村も足が速かったのか」などと勘違いする人があるかもしれないが、この記録を作ったのは一九七二年のシーズン、三十七歳の時のことである。

ホームスチールは足が速ければ成功するというものではない。相手投手のフォームの特徴を把握し、局面での心理状態を読んで、虚を突いて試みるものだ。私が走者だと、投手は足が遅いとナメてかかる。あまり警戒せず、大きなモーションで投げるので、ダーッとスタートを切って見せる。すると投手は「ノムさん、何やってるんだ?」と見る。二球目も同じようにスタートだけ切る。実際には走らない。相手は「ああやって牽制《けんせい》しているつもりなんだな」とかえって安心し、注意せずに本塁へ投げる。そこを狙ってほんとうに突っ込むわけだ。相手の心理を洞察し、駆け引きしながら成功させたホームスチールだった。

ホームスチールに限らず、盗塁は鈍足の選手ほど成功率が高い。数は少ないが、試みれば、成功しやすい。足の遅い選手のほうが、投手のクセをよく注意するし、バッテリーの警戒も緩むからだろう。意外かも知れないが、私は通算で一一七個の盗塁を記録している。ここらあたりにも心理のゲームである野球の面白さが表れている。

「囁き戦術」は人間心理への洞察である

データの収集ということは、今では当たり前に、組織的におこなわれている。主な投手のフォームはもちろん、配球のデータもイヤになるほど揃うようになった。ID(インポート・データ)野球の提唱者である私からすれば、ようやくここまで来たかという感じだが、データ分析は緻密《ちみつ》になったが、人間心理への洞察は昔よりもかえって疎《おろそ》かになっている気がする。

例えば、捕手が声を出す場面が以前よりもずっと少なくなった。私が現役の頃は、要所要所でちょっとした声を出す捕手がけっこういたものだ。いわゆる「囁《ささや》き戦術」である。

囁きなどというと、「ゆうべ銀座でどうした、こうした」など、選手のゴシップをあれこれ喋りまくることだと誤解している人もあるが、決してそうではない。ほんのひと言でも充分に有効な囁きはある。

例えば、空振りをしたがタイミングは合っていた、わずかに逸れたが強烈なファウルが飛んだといった場面で、捕手が投手に、「おーい、タイミングが合ってるぞ」と声をかけたら打者はどう思うだろう。少し頭の働く打者なら、「次は同じ球は来ないのかな」と考える。迷いが生じる。少し勘のいい打者なら、同じ球は来ないと見て、違う球にヤマを張る。そこに同じ球をドンと投げ込む。当然打者は手が出ない。

捕手が投手に向かって「(ボールを)揃えるなよ」「ワンナッシングだぞ」と声をかける。ごく普通の、さりげないひと言である。しかし、集中して聞き耳を立てている打者なら、「これは同じ球は続けてこないな」「ストライクが先行したからボールを投げさせて様子を見ようとしているのだな」と想像する。バッテリーはその裏を突けばよい。

囁きを「汚い手」だとか「ルール上どうなのか」という人もあるが、「揃えるなよ」程度の事実を述べたひと言が汚いともルール上問題とも思えない。

打撃には集中力と積極性が必要だ。逆に言えば、バッテリーは集中力と積極性を鈍らせるような策を用いれば、球威がそれ程なくても抑えることができる。たったひと言でも、囁きは相手を迷わせ、集中力と積極性を鈍らせる武器になる。囁きは人間心理への洞察に基づいた高度な戦術とさえ言えるのだ。

私が「囁き戦術」を使うようになったのは、私自身が「囁かれて」打ち取られることが再三あったからだ。私の若い頃は、ベテラン捕手ならだいたい囁き戦術を使っていた。

忘れられない囁きがある。打席に入ると、「おい、若造、この打席は打たせてやるよ」などと甘い言葉をかけられた。「打たせてやる」と言ったのだから、まずストレートを投げてくれるだろう。そう思って待ち構えていると、鋭い変化球が来て三振に打ち取られてしまった。囁きに釣られてストレート待ちになっていたのが見え見えだったのだ。

呆然としていると、「ストレートなんて言ってないぞ」と言われた。確かにその通りで、「打たせてやる」とは言っていても、「ストレートで打たせてやる」とは言っていないのだ。人間心理、打者心理をよく読んだ巧妙な囁きだった。

あんまりうまくやられてしまったので、いつか誰かにやり返してやろうと考えていた。リベンジの場は一九六九年のオールスターだった。この年、田淵幸一が鳴り物入りで阪神タイガースに入団し、セ・リーグの捕手としてオールスターにも出ていた。新人は囁きの相手としてはうってつけだ。田淵が打席に入ったとき、私はこう囁いた。

「お前、新人やな。よし、ストレートで打たせてやる」

そう言っておいて、変化球で打ち取ってしまった。人のよい田淵は、私の言葉をまともに信じたらしく、変化球で打ち取られて、頭から湯気を出さんばかりに怒っていた。

ストレートと言っておいて変化球を投げさせたのは少々酷《こく》な気もしたが、当時、セ・リーグとパ・リーグは対抗意識が強く、セ・リーグの打者、特に人気者には絶対に打たれたくなかった。他のパ・リーグの選手も同じ気持ちで結束し、張本勲あたりが先頭に立って、「ノムさん、田淵なんかに打たれたら絶対にアカンよ」と叫ぶ。ついついこちらも、少々えげつない囁きを使ってしまったわけだ。

この話には後日談がある。私は選手生活の最後の年、一九八〇年に西武ライオンズに入団した。当時、西武には阪神からトレードされた田淵がいた。最初に顔を合わせたとき、田淵は私の顔を見てしみじみ言った。

「野村さん、新人の年のオールスターで囁かれて打ち取られたことがありましたね。あのときは、ああ、プロというのはこういうところなんだな、と思いましたよ」

「そんなこともあったかいな」

私はとぼけて忘れたふりをしたが、もちろん覚えていた。自分が騙《だま》されたことを十年以上も忘れなかった田淵がなんだかおかしかった。プロの厳しさを田淵に教えたのは、私の「囁き」ということになるかもしれない。

ONに「囁き戦術」は通用しなかった

囁き《ささや》は田淵に仕掛けたように裏を行って騙す狙いもあるが、わざと気に障るようなことを言って冷静さを失わせる狙いもある。

東映フライヤーズで張本とクリーンアップを打った大杉勝男は、ふだんは温厚な男だが、プレーボールがかかると頭に血が上り、暴れん坊に豹変する選手だった。こういう選手はぶつぶつ囁いていると、だんだん怒り出し、打席で冷静さを失う。

ある試合で例によって私が囁いていると、ついに堪忍袋の緒が切れた大杉が「うるせえ！」と怒鳴ってきた。こうなれば私の思う壺だ。「何だ、その言い方は。こっちは先輩だぞ。それが先輩に言う言葉か」。もう一触即発である。これだけ興奮してしまうと、打者は、冷静に投球を読むなんていうことはできない。結局、大杉は三振に打ち取られた。どんな戦いだろうと、ただのケンカになってしまったら、そのほうが負けなのだ。

同じ東映でも、大杉と違い、張本の方は囁きが利かなかった。というのは、囁いている間、彼は打席で構えに入ろうとしないからだ。これでは試合が始まらない。やむなく彼のときは囁き戦術を放棄しなければならなかった。それだけ打撃に集中していたのだろう。

おかしかったのは、大杉、張本と同じ東映にいた白仁天。彼は、直情径行タイプで、囁きがかなり効果的な選手だったが、あるとき、うれしそうに打席に入ってきた。そして自分の耳を指さす。見ると耳に綿が詰めてある。これで何を囁かれても聞こえないぞというわけだ。これには私も思わずにやりとしてしまった。結果は、耳せんに意識が強くいき過ぎた白をセンターフライに打ち取った。

オールスターや日本シリーズで対戦した王貞治と長嶋茂雄は、どちらも囁きがあまり利かなかった選手だが、その理由は少し違っていた。

王のほうは、こちらの囁きもちゃんと聞いていて、会話をしてくれるのだが、すぐ冷静になり集中力を高める。囁きで冷静さを失ったり、怒ったりといったことはほとんど期待できなかった。

一方の長嶋は、聞いているのかいないのか、さっぱりわからない。ストレートを打たれた次の打席で変化球を意識させようと、「まっすぐは恐ろしくて投げられんな」などと囁いても、「やあ、ノムさん、元気?」なんて関係ない反応が返ってくる。何を狙っているのかさっぱり読めない。動揺させようとネタを仕入れてきても馬耳東風。この男には囁きは通用しないとさじを投げた。

二〇〇七年に楽天に入団した捕手の嶋基宏は、私の教えの影響か、試合でよく囁いているようだ。何を囁いているのかは知らないが、若い選手には珍しい。

外国人打者は囁かれるのを嫌がる。彼らは囁きはマナー違反だと見ているらしい。また、日本語がわからない選手が多いので、自分の悪口を言われているように思えるのだろう。だから嶋も外国人選手とよくやり合っている。オリックスのローズなどは日本語がわかるせいかよくやり合っているので、もしかすると、嶋がローズの痛いところを突いているのかもしれない。だとしたら、なかなか頼もしいのだが。

私は打者から文句を言われたら、「あんたには何も言っていない。投手に話しかけているだけだ」と反論するように教えている。投手に声をかけたり、自分の独り言なら、いくら言ってもルールの上でもマナーの点でも文句はないだろう。もちろん、あくまでも打者に聞かせるように言うわけだが。

イチロー封じの情報戦略

囁きというのは、言ってみれば、言葉による情報戦略だ。打者と一対一のなかでの情報戦だが、今の時代はメディアが過剰なほど発達しているので、これを使った情報戦も必要になってくる。

メディアを使った情報戦で私が今でもうまくいったと思っているのはイチローを封じ込めたことだ。

一九九五年の日本シリーズは、私の率いるヤクルトと仰木彬監督のオリックスの対戦だった。オリックスには前の年、突然登場した天才打者、イチローがいた。レギュラー定着一年目に、史上最多の二一〇安打を打って首位打者になったイチローは、この年も独走で首位打者を獲り、打点王も獲得していた。本塁打も三位だから、三冠王に限りなく近い。

オリックスに勝つにはただ一つ、イチローを抑えることが必要だった。イチローを封じ込んでしまえば、オリックス攻略は七割がた成ったようなものである。

私はヤクルトのスコアラーたちに、イチローを徹底的に分析し、弱点を見つけ出すように命じていた。ところが、早くからイチロー攻略のデータを集めるように言っておいたのに、シリーズが目前になっても、はかばかしい答えが返ってこない。

「監督、イチローを抑えるような攻略法はありませんよ。ある程度打たれることを覚悟して、作戦を組み立ててもらえませんか」

イチローのような天才だから、そういう結論になるのもやむを得なかったかも知れないが、もちろんそれでは短期決戦を戦えない。私はスコアラーたちの尻を叩き、もう一度、徹底的にイチローの分析をするように注文を出した。それでも、返ってくる結論は同じだった。

これには流石に困った。イチローにこれといった方針も持たずに立ち向かうのはあまりに危険すぎる。困り果てていたところ、あるテレビ局から出演依頼が舞い込んだ。日本シリーズを前にしての監督インタビューだという。

私は、舞い込んできたこの機会を、イチロー攻略に利用することにした。テレビを通してイチローに、こちらの「手の内」を明かしてしまうのだ。そうすれば、イチローは当然こちらの策を意識して、打ち取られないように対応しようとするだろう。それが付け目である。「手の内を明かす」といっても、そもそも攻略法が見つかっていないのだから、手の内などあるはずがない。言ってみれば、ポーカーのブラフである。

本番がはじまると、予想通り、インタビュアーは、「イチローの攻略法は、どんな手を考えていますか」と訊《き》いてきた。私は、さも研究し尽くしているかのように、自信たっぷりに答えた。

「ああいう強打者、特別な打者には、逃げていたのでは必ず打たれる。それなら思い切って危険を承知で内角を突くしかないと思っています」

私の発言はテレビはもちろん、翌日のスポーツ新聞でも大きく取り上げられた。「野村ヤクルト、イチロー攻略は内角攻めで」といった内容の見出しがスポーツ紙に躍った。おそらくイチローも見ていたはずだ。

いざシリーズがはじまってイチローの打席を観察してみると、明らかに内角に意識過剰になっているのがわかった。私の発言が効いたのかどうかはわからないが、内角を攻めてくるだろうという読みが、イチローにはあったのだ。

しかし、私は投手をリードする古田敦也と全く違う攻めを考えていた。内角を意識しているイチローに対し、内角のストライクゾーンは避けて、すべてボールを投げる。そして勝負は外角の球で。それが私が古田に命じたイチロー崩しだった。

この作戦が最後まで通用するとは思っていなかった。イチローのような鋭い感性の打者なら、必ずどこかでこちらの意図を見抜くはずだ。しかし、日本シリーズは長くて七戦、先に四つ勝ったほうが勝ちである。出足でイチローがつまずいてくれれば、オリックスの勢いは殺《そ》がれ、ヤクルトがシリーズの主導権を握れる。イチローが目を覚ました頃にはシリーズの勝敗が決している。そんな図を、私は頭に描いていたのだ。

計算通り、イチローはシリーズの出足でつまずいた。ヤクルトの投手陣は第一戦、第二戦を合わせて七打数一安打とイチローを完全に封じ込んだ。

その後、徐々にこちらの攻め方に対応してきたイチローは、第五戦には本塁打を打ったが、それは最終戦の勝敗が決したあとの「意地の一発」に終わった。

イチローを二割台に抑え込んだこのシリーズは、私にとって会心の勝利の一つである。

もしあの時、テレビ出演の依頼が来なかったら、そして、それをイチローへの情報戦略として利用するアイディアが浮かばなかったら、シリーズの勝敗はどう転んでいたかわからない。

敵は本能寺にあり

私はヤクルトスワローズの監督に就任したときから、メディアを使った情報戦略を心がけてきた。標的にしたのは巨人である。戦力は抜きん出ているし、人気も一番である巨人に対し、私は「巨人の野球はつまらない」とか、「カネで優勝を買う」といった批判的な発言を繰り返した。

監督をしていた長嶋の采配に対しても、「理解できない」といったように、疑問を公言した。もちろん、本心からそう考えていたことも確かだが、一方で、こうした発言をすることで、王者・巨人がヤクルトとの戦いに意識過剰になり、墓穴を掘ってくれることを狙ってもいたのだ。

そう言いながら、私は巨人と真っ向から力比べをする気はなかった。基本的には三連戦で一つ勝てれば充分という考えで臨んでいた。どんなチームから勝とうが、一勝は一勝である。

日本シリーズでイチローと対戦した一九九五年などは、特にそうした考えが強かった。この年の巨人は松井秀喜が成長し、投手陣も斎藤雅樹、槙原寛己を中心に充実して、優勝候補の大本命だった。この巨大戦力にまともにぶつかっては勝ち目はない。それよりもお得意さんを見つけることに力を注いだ。

「敵は本能寺にあり」

巨人を挑発するように見せて、ほんとうの戦いの相手は別のところに定めていた。格好の標的は阪神タイガースだった。一九九二年に優勝を逃してから、低迷が続き、内紛も多い阪神は、お得意さんにするにはもってこいだったのだ。私は主力投手を阪神に重点的に先発させ、巨人との試合では連敗を避けることに心を砕いた。おかげで阪神からは十四個もの貯金をすることができた。優勝することができたのは、阪神からがっちり貯金ができたからだった。

予告先発の弊害

囁きも、メディアを使った情報戦略も、基本は同じ、人間心理への洞察に基づいている。人間の心理をどう読み、それを勝負にどう活かすか、ここに野球の面白さがあり、これがなくなってしまえば、野球は腕相撲や重量挙げと変わらなくなってしまう。

その点で、今のパ・リーグの野球は、野球の面白さの根幹的な部分を捨ててしまっている気がする。

一番問題なのは「予告先発」というシステムだ。あれは弱者にとっては迷惑でしかない。手の内をあらかじめ明らかにしているのだから、強いものに「勝ってください」とハンディを与えているようなものである。

ファンサービスというが、予告先発で観客を呼べる投手が、各球団、何人いるというのか。楽天で言えばマー君（田中将大）、あとは日本ハムのダルビッシュ有ぐらいだろう。松坂が西武に入団した当初は、確かに先発する試合で観客が増えた。しかし、それも一、二年で効き目がなくなった。

「ウチはファンサービス重視だから予告先発で行く」というチームがあってもいいだろう。

しかし、連盟全体で予告先発と決めるのは疑問だ。「ウチはやらない」という球団の存在を認めてくれてもいいのではないか。

予告先発に代表されるように、パ・リーグには、私から言わせれば、野球の醍醐味《だいごみ》を殺してしまうようなルール、合意事項が他にもたくさんある。

「コーチスボックスやベンチ、走者から球種の伝達をしてはいけない」とか「ベンチへのメガホンの持ち込み禁止」などといった規制は野球を後退させてしまうものだ。

コーチやベンチ、走者が一体になって相手投手を崩そうとするのが現代の野球である。そのために、各チームともスコアラーなどを配して情報収集に励み、サインを読み取ったり、ちょっとしたクセを見つけて攻略の糸口にしようと努めている。それを禁止して、打者と投手の単なる力比べだけを見せようとするのでは、ほんとうに野球を楽しもうとするファンは離れてしまうし、若手選手の育成も阻止してしまうことになる。

今の野球では、「真っ向勝負」などという言葉が流行している。投手はひたすら力んでストレートを投げ、打者は打者で本塁打狙いの無茶振りでそれに応じる。そういう勝負がまるで男らしい戦いのようにみなされている。

メディアもそうした風潮を後押しするし、少し野球に通じたような人が、「日本の野球は細かい駆け引きに走るが、メジャーは真っ向勝負だ。だから日本の野球の人気が下がるのは当然だ」などと指摘したりする。

とんでもない間違いだ。メジャーの野球は日本以上に緻密《ちみつ》で、サイン盗みや球種分析なども日常的におこなわれている。ストレートを投げて、打ち返すだけの「真っ向勝負」など単なる幻想に過ぎない。

それに、そんなに真っ向勝負が面白いのなら、日本で最も多くパワーヒッターをかき集め、細かい野球はせずに「真っ向勝負」に出ている巨人の野球が大きな支持を集めそうなものだが、実際は「巨人の野球はスピード感に欠けて面白くない」と人気は明らかに低迷気味だ。

二〇〇七年を見ても、パ・リーグで優勝した日本ハムは、本塁打がリーグ最少、犠打はリーグ最多という細かい野球だったが、札幌ドームには多くのファンが詰めかけた。

ファンは時流に流されているようで、本質をしっかり見ている。人間の心理がくっきり見えるような繊細な野球、知略と知略がぶつかり合う野球が最終的には支持される。ファンのなかには、監督や評論家の立場で観戦している人も数多くいるのだ。

パ・リーグの規制も、その方向で見直すべきではないか。

知将の激突

知略と知略のぶつかり合いとして、忘れられない戦いがある。一九九二年の日本シリーズだ。この年、私の率いるヤクルトスワローズは大混戦を制してリーグ優勝を果たし、日本シリーズに臨んだ。相手は森祇晶監督率いる西武ライオンズである。当時の西武は二年続けて日本シリーズを制し、黄金時代の頂点にあった。打線は、清原和博、秋山幸二、デストラーデの大砲に、石毛宏典、辻発彦、平野謙などの曲者がうまく絡み、どこからでも得点できる隙のない構成、投手陣も渡辺久信、郭泰源、工藤公康、石井丈裕の強力先発陣に鹿取義隆、潮崎哲也のリリーフと万全で、ようやくリーグ優勝にたどり着いたヤクルトでは、とても勝負にならないだろうというのが戦前の予想だった。

私は戦う前の常として、西武の戦力分析をはじめた。スコアラーを総動員してデータを集め、私自身も友人である近鉄の仰木監督から情報収集を試みた。

分析の結果は絶望的だった。どのデータを見ても、ヤクルトが勝てる要素がないのだ。私は覚悟を決めた。勝ち目はないかもしれない。ただ恥をかくのだけはイヤだ。セ・リーグの覇者として、日本シリーズの歴史に汚点を残すような戦いだけはやるまい。そう決心して臨んだ。

野球は他のスポーツと違い、弱者でも戦い方によっては勝者になれる意外性がある。そこに賭けてみよう。

選手には「謙虚さを忘れるな。できることを精一杯やろう」ということだけを言った。私の気持ちは選手たちもしっかり感じ取ってくれた。その結果、「史上に残る名勝負」と言われるような熱戦を繰り広げることができた。

健闘できた理由のひとつに、ヤクルト岡林洋一のあのドロンとした大きなカーブが、西武打線に想像以上に有効だったことがある。西武打線はスライダー、シュートの横の変化には強いが、緩急には弱い。もしかしたら岡林は面白いかもしれない、というかすかな期待が私にはあった。岡林はシリーズ七戦中延長戦二試合を含む三試合に先発登板し、三十イニングを投げ抜き、防御率一・五〇の大車輪の活躍をしてくれた。

聞くところによると、このシリーズを収めたDVDはいまだに野球ファンに高く支持されているという。ある野球部門売り上げランキングでは、一去年のWBC優勝のDVDに次ぐ二位に入ったそうだ。十五年も前のシリーズの印象がいまだに忘れられずにいるのだとしたら、戦いの当事者としてこれほどうれしいことはない。

戦力的には比較にならなかったが、わずかに付け入る隙があるとすれば、相手が森監督であるという点だった。森監督を侮ったわけではない。敵将としてこれほど、やりにくい相手はいなかった。お互い手の内を知り尽くしている。ただ、彼とは巨人V9の時代から何度も野球論、捕手論を戦わせてきた友人同士で、相手の発想はだいたい摑《つか》んでいる。監督心理も外国人監督や交流のない若い監督よりは推測しやすい。そこにわずかに付け込む余地があるような気がしたのだ。

しかし、森監督は流石にしたたかだった。私たちは、事前に西武の投手陣を分析し、シーズン終盤に故障したらしい工藤は先発に起用しないだろうと読んでいた。西武もシリーズ序盤は工藤を出さず、森監督も「起用しない」といった煙幕を盛んに張り巡らしていた。ところが第六戦、西武は突然工藤を先発させてきた。これには驚いた。

「タヌキめ！」と舌打ちしたくなる気分だった。幸い打線が頑張って工藤を早々と引きずりおろし、最終的にはこの試合には勝つことができたのだが、もし工藤にしてやられていたら、悔しさは倍増していただろう。

森監督と私はキツネやタヌキに例えられたが、私から言わせれば、人を化かし、自分も化けてしまう点でタヌキは森監督のほうだと思う。私は知略は使うが自分は化けたりしない点で、キツネだと、密かに思っているのだが。

○・一秒喜ぶのが早い！

この日本シリーズでは、人間心理の教材になるような出来事がたくさんあった。なかでも忘れられないのは第七戦七回裏の攻撃だ。一対一で迎えたこの回、ヤクルトは絶好の勝ち越しのチャンスを迎えた。

西武の先発、石井丈から三本の安打を集めて一死満塁、ここで勝ち越せば、残り二回を抑えてシリーズ優勝が手に入る。安打なら申し分ないが、外野飛球でも十分という場面である。ここで私は代打にベテランの杉浦亨を送った。杉浦はこのシリーズの第一戦、延長の場面で、代打サヨナラ満塁本塁打という離れ業《わざ》をやってのけた選手である。

チームにツキはある。勢いもある。杉浦の大事な場面での強さも第一戦で実証済みだ。悪くても外野飛球は打ってくれるだろう。そう踏んで代打に送った。

マウンドの石井丈も流石に緊張しているらしく、コントロールが定まらない。カウントは一ストライク三ボールになり、押し出しまで見えてきた。こうなれば、バッテリーの配球はストレートしかあり得ない。そして注文通りのストレートが来た。

おそらく杉浦は予想通りのストレートが来て、「しめた！」と思ったのだろう。その瞬間、ボールを叩くことよりも、ライトスタンドに飛び込む満塁本塁打のことが頭の中に浮かんでしまった。その分わずかにボールの上っ面を叩くことになった。打球はあえなく二塁ゴロ。みすみすチャンスを逃してしまった。

私はベンチに戻ってきた杉浦に「〇・一秒喜ぶのが早い」とイヤミを言った。時間にすれば、ほんとうに〇・一秒ほどのタイミングで結果を先に思い浮かべスイングが上ずってしまったことで、打てる球を凡打にしてチャンスを逃してしまった。それが悔しかったし、これが今のヤクルトの姿だ、まだまだヤクルトの選手には教えなければならないことがたくさんあるなと実感した。

重要な場面ほど詰めを誤ってはならない。結果を先回りして考えず、プロセスに全精力を傾けさせなければならない。最後の瞬間まで全力でやれることをやる。それを教え込まなければ、こうした失敗はまた起こるだろう。わずか〇・一秒の心理のぶれ。それがもたらしたものの大きさを、思い知らされたプレーだった。

痛恨の失敗が新戦略を生む

杉浦の打った二塁ゴロにはまだ続きがある。絶好のホームランボールを打ち損じた二塁ゴロだったが、転んだ方向はかなり際どく、二塁手の辻はかろうじて捕球してむずかしい体勢で本塁へ返球した。ベンチで見ていて、本塁はクロスプレーになる「しめた！」と思った。

ところが、三塁走者の広沢克実は悠々アウトになってしまった。私は呆然とした。なぜ、クロスプレーにさえならなかったのか。どうして、あそこまでスタートが遅れたのか。

封殺された広沢が戻ってきたので、私はスタートが遅れた理由を問い詰めた。

「あのセカンドゴロで悠々アウトなんて、どういうわけだ！」

「ライナーに気をつけていたもので。ゴロだと確かめてからスタートしたんです」

広沢の言うことにも一理あった。確かに一死の場合、三塁走者はライナーに注意しなければならない。飛び出してライナーだったら併殺になって大きなチャンスを失うからだ。

しかし、常にそれでは困る。特に、あと一点で試合ばかりかシリーズの勝敗まで決まってしまうという最重要局面で、そこまで慎重にやったのでは、とても得点の機会は得られない。

これは私にとっても、なかなかいい勉強になったプレーだった。セオリーに基づいたプレーは大事だが、いつもセオリー通りでは勝機は拓けない。時にはギャンブル覚悟で打球が飛んだのと同時にスタートしなければならないこともある。ましてや相手は王者西武だ。

ここから「ギャンブル・スタート」という新戦略が生まれた。今ではどのチームもこうした考え方を採用するようになっているが、最初に言い出したプライオリティは私にある。この広沢の封殺で、作戦面の新しい戦略を生み出すことができた。

杉浦の心理のぶれといい、ほんとうに教訓の多いプレーだった。

結局、この日本シリーズは戦前の予想に反してヤクルトが健闘し、第七戦までもつれ込んだ末に西武が勝った。敗れた悔しさは当然あったが、シリーズ前に心に決めた「歴史に汚点を残すような戦いだけはやるまい」という誓いは守ることができたのではないか。

ヤクルトは、翌年西武を破って日本一の栄冠を勝ち取った。その後、私のもとでさらに二度、日本一を果たす。しかし、多くの教訓を与えてくれた点では、敗れたけれど、この西武との最初の戦いの印象が強い。

野球に特別な流儀はない。私は「野村ID野球」だとか「再生工場」だとか、いろいろなキャッチフレーズをつけてもらい、それを意識して自分でも口にしてきたことがある。それだけに、一般には「野村の野球は奇策が多い」とみなす人もいる。しかし、いつもいつも奇策ばかりを用いてきたわけではない。私が預かってきたのは弱いチームばかりだったので、「弱者の戦略」として奇策を用いる割合が高かった。

それにイメージの問題もある。「野村＝奇策」というイメージが広がってしまったので、私からすれば普通のことをやっているのに、奇策ととられてしまうこともある。

ただ、こうしたイメージは、実は私にとってはありがたい。「野村は、何をやってくるかわからないぞ」というイメージを抱かれて、意識過剰になってもらったほうが戦いやすいことは間違いない。

私が対戦した全盛期の西武やV9時代の巨人は奇策を用いなくても勝てたから、セオリー通りのプレーが多かった。

何も勝つための特別な形があるわけではなく、「正攻法と奇策の組み合わせ」、バランスが大切なのだ。

中日の落合監督が珍しい手を使えば「オレ流」、ロッテのバレンタイン監督が何かやれば「ボビー・マジック」など、メディアはさも珍しいことのように騒ぎ立てるが、よくよく見れば、昔からおこなわれていたセオリーをアレンジしてやっている場合が多い。

監督の個性は、奇策の部分に現れるものだが、それがどれくらいの割合になるかはそのチームの現在の戦力で決まってくる。まあ、長嶋監督時代の巨人のように、正攻法でも充分に勝てそうな力があるのに、我々が驚くような手を打ってくる例外もあることはあるのだが。

第五章

弱者の戦い

——敵を知り、己を知るということ

キャッチャー革命

巨人V9の監督・川上哲治さんが、日本シリーズの際、レギュラー捕手の森祇晶（当時は昌彦、のちの西武監督）を私のもとに遣わした話は第三章で紹介した。対戦相手のパ・リーグ情報を私から仕入れようとしたのだ。

では私はパ・リーグの優勝チームの情報を巨人に流すスパイのようなことをしていたのか。誤解されると困るので断っておくが、私はあまり巨人の役に立つような情報は教えなかった。誰でも気が付くような一般的な情報を教える程度に留めた。当時はセ・リーグとパ・リーグの対抗意識が今よりずっと強かった。普段はライバルとして戦っているパ・リーグのチームだが、その弱点をセ・リーグの代表の巨人に教えるのは抵抗があったのだ。

「ノムさん、あそこはどうなってるの?」

「そんなこと、お前、全部知ってるやろ」

お互い承知の上なのだ。

だからといって、森がすぐ帰ってしまうわけではなかった。それどころか、野球好きの彼とは話が長くなり、ときには徹夜になることもあった。私は酒が飲めないし、森も特に酒好きではない。それでも話が長くなったのは、話題が尽きなかったからだ。テーマはズバリ捕手論、野球論である。

我々が若手の頃、一九五〇年代から六〇年代の野球は投手の試合に占める比重が今よりも格段に大きかった。勝敗を決めるのは投手。だから、とにかくエースを押し立てて戦う。西鉄の稲尾や南海の杉浦が年間三十勝を超えるような勝ち星をあげたのは、そうした投手依存、エース至上主義の考えが強かったからだ。とにかくエースがいい球を投げていれば試合は勝てる。捕手はそれを黙って受けていればいい。鶴岡監督が私をレギュラー捕手にしたのも、打撃に加え、私が頑丈そうで、簡単には壊れないように見えたからだろう。

当時の捕手の条件といえば、肩が強い、元気がいい、体は頑丈で頭脳は少々悪くてもいい、というものだった。捕手の存在感、価値観は低かったのだ。

私も森も、そうした考え方に強い反発を感じていた。私はブルペン用の「壁」として採用された男である。テスト生からレギュラーの座を摑《つか》み、チームの中心選手と言われるまでになった。森のほうも、最初からレギュラーの座を約束されてプロに入った選手ではない。二年上には藤尾茂さんという強肩、強打の捕手がいたし、レギュラーを取ってからも、球団がつぎつぎに入団させる大学卒の有望捕手を向こうに回し、ポジションを守らなければばならなかった。

ふたりとも捕手の仕事は受けたり投げたりするだけではないと確信していた。いくら球威のある投手でも、打者が狙っているところに、狙っている球種を投げたら打たれるに決まっている。状況を考え、打者の狙いを読み、投手の状態も判断して、一番いい攻め方を組み立てる投手リードこそ捕手の一番大事な役目だ。

「野球を知らないヤツが多いな」

「ほんとにそうだ」

ふたりの実感だった。

敵を知り己を知る

そもそもプレーボールがかかったところで、捕手がサインを出して投手がうなずかなければ試合ははじまらないではないか。

野球の勝敗の中には、必ずキーになる「この一球、この場面」がある。そのキーになる場面で、捕手が指を一本出すか、二本出すかで試合の方向はガラッと変わる。逆に言えば、試合を決めるキーは捕手だけが握っているということだ。

捕手は脇役ではない、という考えは入団四、五年目頃に芽生えた。当時、私はエースの杉浦と遠征で同室になることが多かった。昔の遠征は二人部屋、三人部屋が当たり前だ。毎日宿舎でも球場でも顔を合わせていると、もう、話すことなどなくなるのだが、負けた試合の日だけは違った。

杉浦と二人で、「あそこはなぜ変化球で行かなかったんだろう」とか「あのコースに投げて打たれたのは狙われていたからなのか」といった反省会を開く。話は尽きなかった。杉浦は私が二十七年間の現役生活で受けてきた数多くの投手の中で、最高の投手だった。球威もコントロールも、打者に立ち向かう勇気も杉浦以上の投手はいなかった。

その杉浦でも打たれる時には打たれる。コースが甘かったり、相手が狙っている球をみすみす投げ込んだりすれば、いかに大投手とはいっても、打たれてしまうのだ。

二流以下のピッチャーであれば尚更《なおさら》である。捕手のリード次第で、戦局は大きく変わる。私は大投手より、むしろ二流以下のピッチャーのリードに捕手冥利《みょうり》を感じていた。

投手がしっかり投げて抑えれば勝ち、打たれたら負けという単純な考えではどんな大投手を擁していても優勝を争うようなチームにはならないだろう。

どうやって勝つか。その時、ハッと気づいた。捕手だ。捕手の役割は来た球を受けるだけじゃない。打者が何を考えているかを観察して、相手の狙いを外し、弱点を突く。そうすれば打たれる確率は、当然低くなる。

指一本で投手を導き、試合を演出する。捕手は脚本家や演出家、あるいはオーケストラの指揮者みたいなものではないか。

森との出会いは、そうした考えの持ち主が私だけではないことを教えてくれた。同じように捕手の仕事の重要さを理解し、周りにも認めてもらおうとしている人間がいる。それがわかると、森との野球談議はいっそう楽しくなった。森は同士だった。

私たちがいろいろな話のなかで得た結論、捕手の役割でもっとも大事なことは、「敵を知るには己を知る」ということだった。孫子の兵法で言う「敵を知り己を知れば百戦殆《あやう》からず」という例の格言である。ともかく、相手をしっかり研究する、捕手にとっては打者分析――試合の状況を前提に一球一球、応用問題を解いていくのだ、ということで一致した。

私は、ベテランになるにつれて、日本シリーズのゲスト解説に呼ばれたり、新聞や雑誌に論評を書かされることが多くなっていった。その際、私は意識して捕手の役割、試合の演出家としての捕手の顔を強調するようにした。もちろん、自分の仕事にスポットが当たって欲しいということもあったが、捕手の仕事に注目してもらうことで、投手が力任せに投げて、打者がバットを振り回してそれを打ち返すといった単純な野球から、もう少し頭を使った、奥の深い野球をして欲しい、そういう野球があることを知って欲しいという気持ちが強くあったからだ。

私が捕手の役割を強調したことは、いってみれば「キャッチャー革命」だった。捕手にスポットが当たることで、「野球はこんなに奥の深いものなのか」と気づかれたファンの方も多いのではないだろうか。

セ・パ両リーグにわたって、「キャッチャー革命を起こそう」と森と私が徹夜で議論してから早いもので、もう数十年が経つ。日本シリーズなどでよく「捕手の対決」などというキャッチフレーズを目にする際、深い感慨を覚えるものである。

ID野球の申し子・古田の天性

一九九二年、西武との日本シリーズで、グラウンド上の演出家として働いてくれたのが古田敦也である。古田にとっても、あのシリーズは忘れられない重要な意味を持った試合ではなかったろうか。

よく知られていることだが、古田は捕手なのにメガネをかけているということで、ドラフトの指名に二の足を踏む球団が多かった。野茂英雄や石井丈裕などをリードして、ソウルオリンピックで銀メダルを獲ったアマ有数の捕手だったのに、メガネが引っかかってしまったのだ。

世間では、私もメガネを理由に古田の指名に反対した、などと言われている。それをスカウトが説得して二位で指名して入団にこぎつけた、といった話が広がっているようだ。しかし、これはとんでもない誤解、いや捏造《ねつぞう》だ。

ガラスのレンズしかなかった昔ならいざ知らず、プラスチック製で割れにくいレンズが出たことで、メガネが支障になる心配はほとんどなかった。そもそも私自身がメガネを使っているのだから、そのことに気付かないはずがない。

きっと、のちの名捕手・古田を獲得したことを手柄にしたい者がいて、そのダシに私が使われたのだろう。つまらない話である。

古田が入団した当時、ヤクルトは捕手に悩んでいた。中西親志《ちかし》、秦真司などの選手を入れ替わり立ち替わり使っていたが、どうもうまくいかない。これは私が一から育てなければならない。そのためのいい素材はいないかと考えていたときに入団してきたのが古田だった。

古田は、メガネをかけた風貌から知性派のように言われるが、私が注目したところは別だった。

「受ける」「投げる」が抜群だったのだ。キャンプのブルペンで投手の球を受けていた姿を見て、ひと目惚れしてしまった。捕手の役割は「受ける」「投げる」だけではない。「観察力」「洞察力」「判断力」「決断力」「先見力」の五力が要求される。

古田は、基本的な捕手術と送球術は、すでに秀でたものをもっていた。「受ける」「投げる」に加えて、古田には股関節の柔らかさがあった。座っていると、お尻がペタンと地面についてしまうのだ。よく野球の世界では、捕手を評価するとき、「座りがいい、悪い」などと言う。古田は抜群の「座りのよさ」を持った選手だった。これも教えて身に付けられるものではない。教えがいのある素材であることは、キャンプでひと目見てわかった。

ただし、守りに比べて打撃は酷《ひど》かった。スカウトからも「打撃には目をつぶってくださいよ」と言われていたので、多少は先入観があったのかもしれないが、とにかく線が細く、飛ばない。こっちは時間がかかりそうだなと思ったものだ。そのときはまだ、古田の打撃センスを見抜けなかった。

その選手が入団二年目で首位打者を獲り、二千本安打を打つのだから野球は面白い。

配球分析を打撃に活かす

古田がクリーンアップを打つような打者に成長できたのは、捕手としての「情報分析」の成果といえる。私はレギュラーで起用するようになると、ベンチでは彼を自分の側に座らせて、「この一球を説明してみろ！」と徹底して配球の原理原則を教え込んだ。相手の心理の読み方も手ほどきした。「情報分析」を積み重ねることで、古田は相手バッテリーの投球を読み、狙いを絞る打撃技術を身に付けていったのだ。

もうひとつ打撃が向上したのは彼の性格も関係している。彼は「のび太くん」などというニックネームとは裏腹に、思い切りがよく強気な性格だ。ストレートに狙いを絞ると、もう、躊躇《ちゅうちょ》なくストレートと決めて打ちに行く。普通は読みでストレートという答えを導き出しても、なかなかそれ一本には絞れないものだが、古田には迷いのない思い切りの良さがあった。

捕手はサインを出したあと、キャッチャーボックスの中で左右どちらかに寄って構える。その動きを見てコースはだいたいわかる。古田がまだ非力な頃に、よくベンチから捕手の動きを声で知らせることをした。打者のなかにはそういう情報を与えると、かえって迷ってしまいよい結果の出ない選手もいるが、古田は迷うことがないので、こうしたアドバイスが有効だった。

私たちのアドバイスがあまりに有効だったので、巨人の捕手だった村田真一などは、よくこちらのベンチを睨《にら》みつけたりした。それだけでは効果がないとわかると、内角に構えておいてわざと外角に投げさせたり、構えに入るのをうんと遅らせるといった対策を練るようになった。そうなると、古田に知らせてやるのもむずかしい。

「相手も裏を行こうとしたりするから、教えると騙《だま》されるかもしれないぞ」

心配して声をかけたが、古田ははっきり言い切った。

「騙されてもいいですから声を下さい」

いかにも彼らしい答えだった。

捕手はグラウンド上の監督である

捕手というのは受身の仕事だ。いろいろな気配り、思いやりが求められるポジションなのだ。どんなときでも自分が前に出て、「オレだ、オレだ」と主張するような性格は捕手向きとはいえない。最近は、あまり女房的、亭主関白的などといった言い方はしないのかもしれないが、私から見れば、どちらかというと、いわゆる「女房的」な性格の持ち主のほうが捕手には適性があるように思える。

ところが古田は風貌とは正反対の「亭主関白」的で攻撃的な性格だった。打席での読みにしても、あれこれ迷わずスパッと決めて打ちに行くところは男性的だった。こうした性格の持ち主は、どちらかというと投手に多い。古田は性格的には〝投手型の性格〟の捕手だった。

私は彼が選手兼任監督になるという話を聞いたとき賛成できなかった。メディアは古田が私のもとでプレーし、私と同じプレーイングマネージャーになったので、私に祝福やアドバイスめいたコメントを求めていたようだったが、つい本音が口をついて出てしまったのだ。

二〇〇八年から北海道日本ハムファイターズの監督になった梨田昌孝も、現役時代には、どちらかというと〝投手型の性格〟の捕手だった。

彼は高校からドラフト一位で指名されて近鉄バファローズに入団した。入団交渉中に球団が招待して南海との試合を彼に見せたことがある。南海のマスクは私が被っていたので、高校生としては逸材といわれる梨田がどんな感想を持ったか、メディアは知りたがった。

ところが、翌朝の新聞で梨田は試合を見てひと言、「野村って大したことないですね」というコメントが出ていた。高校生らしい背伸びした感想なのかもしれないが、私はその記事を読んで、この新人選手は謙虚さや常識を知らない、捕手よりも投手に向いているのではないかと感じたものだ。

彼が「大したことない」と感じたのは、捕手の送球とか打撃とか表面的なものだけだったのではないか。しかし、野球には、心理的な駆け引き、対戦相手の分析、洞察といった目に見えない大切な情報が含まれている。そうした無形の力を気付かないまでも感じ取ることは捕手として成長する上で欠かせないのだが、梨田は、まだ若すぎたのだろう。

プロに入ってからの彼は、強肩が売りの捕手だったが、捕手のもうひとつの要素であるリード、配球の面ではあまり感心させられた覚えはない。私の眼には、ただの目立ちたがり屋に映った。

のちに近鉄の監督になり、私が退任したあとにヤクルトを率いた若松勉と日本シリーズを戦った。私は〝投手型の性格〟で、チームを陰で統率するといった要素が足りないように見える梨田の近鉄よりも、コーチとして捕手的野球を学んだ若松のヤクルトのほうが有利ではないかと予想したが、案の定、シリーズは四勝一敗でヤクルトが圧勝した。

今シーズン、パ・リーグのライバルとして対戦する梨田が指揮官としてどれくらい成長し変化したか、密かに楽しみにしている。

同じ捕手出身の監督でも、西武ライオンズを率いた伊東勤はいかにも捕手らしい性格の持ち主だった。就任一年目にプレーオフを勝ち抜いて、日本シリーズも制したが、采配は手堅く、受けに回ったときのしぶとい試合運びは、森監督から受けた影響もあってか、堂に入ったものだと感じた。

二年ほど前のオープン戦で、似合わないヒゲを生やして現れたことがあり、私は文句を言ったことがある。パ・リーグの名門の監督が入団したての若い選手みたいに流行のヒゲを生やすなど、みっともないときついことを言ったのも、彼に期待するところが大きかったからだ。

彼はBクラスに転落した責任を取って二〇〇七年限りで監督を退いた。捕手型の監督がひとり消えたわけで、やはり残念な気がする。まだ若いのだから、やり続けて欲しかった。現在の球界がコーチや監督の人材不足なだけに、期待して見ていたのだが……。

名捕手が常勝軍団をつくる

私が現役時代、一目置いていた捕手は、阪急ブレーブスの岡村浩二だった。古いファンには巨人と阪急の日本シリーズで退場になった捕手として知られているかもしれない。三塁走者の土井正三が岡村のブロックの隙間に足を伸ばし、ベースを踏んで生還した有名なプレーの片方の当事者だ。あのプレーがセーフと判定されたことに猛烈な抗議をした岡村は、取れるボールをわざと捕球せず、球審に当てようとしたりして退場処分になってしまった。

そういうプレーから、暴れん坊のイメージをもつ人もあるかもしれないが、普段のプレーは、冷静に打者を研究する捕手らしい捕手だった。

当時の阪急は長く活躍してきた米田哲也、梶本隆夫といったエース格が徐々に球威が衰えはじめていたが、岡村は相手の打者の弱点をよく研究し、卓越した捕手像をもつなどしてエース級の衰えをうまくカバーしていたように思う。

稲尾とバッテリーを組むことの多かった西鉄の和田博実もいい捕手だった。打撃は非力だったが、頭脳派という感じで、よく考えているなあと感じさせるリードをしていた。

南海ホークス監督の鶴岡さんも高い評価をしていた。鶴岡さんは自軍の選手は絶対に褒《ほ》めず、相手の選手をよく褒める監督だったが、和田のことも、「あれは頭のいいやっちゃ」「いいキャッチャーじゃのー」と盛んに褒め上げる。これは近くで聞いていてあまりいい気分ではなかった。

一九五〇年代後半から六〇年代初めにかけて、南海と西鉄は常に、優勝を争うライバルだった。この戦いは「杉浦―野村」の南海バッテリーと「稲尾―和田」の西鉄バッテリーの対決といってもよい。そのライバルの捕手をこちらに聞こえるように褒めるのだから、私としては穏やかではない。

「何クソ、負けるものか」と闘志を燃やし、相手打線の研究や、相手バッテリーの傾向を読むことにいっそう力を入れた。何のことはない、ライバルを引き合いにして自軍の選手の刺激剤にしようという鶴岡監督の人心掌握術に、まんまと乗せられてしまったわけだ。

「技術的限界」がデータ分析を生む

相手打線の長所、弱点の研究や配球の分析は、捕手としての必要から始まったものだが、同時に打者としての必要にも迫られていたからだった。

私は入団四年目にレギュラーになり、本塁打三十本を打って本塁打王になった。テスト生出身の高卒選手としては、順調な歩みだった。だが、すぐに壁に突き当たった。はっきりした弱点があったからだ。

カーブである。カーブが苦手でどうしてもうまく打てない。弱点があると、そこを徹底的に突いてくるのが、今も昔も変わらぬ日本の野球である。あまりカーブが打てないものだから、やがてお客さんまで、「カーブの打てないノ・ム・ラ」などと野次るようになった。

プロの世界で一流打者と認められるには三割を打たなければならない。私の場合、親からもらった素質で、二割五分は打てるという確信はあった。残りの五分をどうやって埋めるか。カーブをどう攻略するか。

いろいろ工夫したり、人にアドバイスを求めたりした。オールスターや日米野球があると、山内一弘さん、中西太さんなど当時のパ・リーグの強打者にカーブの打ち方を教えてくれるように頼むこともあった。ところが、ふたりとも、どうも真剣に話を聞いているようには見えない。

「いや、そのうち打てるようになるよ」

「練習で数多く打てば、自然に試合でも打てるようになるさ」

全然納得できるような答えが返ってこない。「これはダメだな」と諦《あきら》めた。

後年、山内さんが引退されて、評論家として監督をしている私のところにやってきたことがあった。私は昔を思い出して、カーブ打ちの話を持ち出した。

「山内さん、あのときは全然教えてくれなかったじゃないですか」

「すまん、すまん。本当は自分はこうやって打っているという話をお前にしてやりたかったんだが、ライバルだもんなあ。俺が教えてお前がボカスカ打ち出したらたまらん。だからあんないい加減な返事をしたんだ。今なら教えてやってもいいよ」

「今、教わったってどうにもなりませんよ」

ふたりで笑ったものだ。

今の選手たちは、他球団の選手と一緒に自主トレをしたりゴルフをしたり、グラウンド外で付き合ったりといったことを割と平気でやるようだが、昔は他球団の選手とはろくに口もきかないというのが当たり前だった。山内さんが私にアドバイスしてくれなかったのもプロとしては当然のことだった。

カーブは打ちたいが、技術がない。人もあてにはならない。そこで私が考えたのが「ヤマを張る」ことだった。今ではあまり使わなくなったが、「ヤマを張る」というのは球種、コースなどをあらかじめ予測することを指す。「ヤマ張り」は日本の野球ではやってはいけない、恥ずかしいこととされていた。

打者は基本的にストレートを待ち、変化球にも対応する。ギャンブルのように来るボールを予測して、それを狙うのは邪道だという考えが強かった。だが、技術的な限界を感じた私に選択の余地はなかった。

私は完全に「カーブ・ノイローゼ」になっていた。右投手のカーブにヤマを張っていたら、逆のストレートが来てゴーンと頭に当たる、そんな夢を見て朝、目が覚めるような状態に陥っていた。

天分だけでは打てないなら、悪いこととされている「ヤマ張り」を身に付けてでも苦手を克服しなければ。そう考えて、配球のデータ分析に励むようになった。

南海には尾張久次さんというスコアラーがいた。日本のスコアラー第一号と言われた方である。尾張さんにお願いして、自分に投じられた球種とコースを記録してもらい、それを資料にして情報分析をはじめた。

毎日試合が終わると、家に帰って、十二種類あるボールカウントそれぞれでどんな球種、コースに相手が投げてきたかを確認し、相手投手の心理状態も含めて、その傾向を割り出そうとした。これが「ヤマ張り」の基本データになった。当時は、データなんて言葉すらなかったのだ。

私は捕手だから、相手の捕手の気持ちはある程度、推測がつく。基本データに、相手捕手の考えたことや癖を加えて、その意図を読む。ノート数十冊分の膨大な量のデータが揃った。そんな地道な作業を続けるうちに、ヤマの張り方がうまくなっていったのだ。

ある程度高い確率で待つことができれば、カーブでも打ちこなすのはそれほどむずかしくはない。のちに私が三冠王を獲るまでに成長できたのは、不器用な自分が「技術的限界」を感じて必死で辿りついた、地道な情報分析の成果だと思う。

投手を知る前にキャッチャー心理を読め！

プロの打者が共通してもっているテーマが〝変化球への対応〟である。

ヤマ張りで苦手を克服した私は、指導者になっても変化球の打てない人には「読み」を奨励している。

「ヤマを張る前に、自己分析、相手の分析をしっかりやりなさい」

若い選手たちにはいつもそう言い聞かせている。狙い球を絞らなくてもついてゆけるのなら、何もヤマを張る必要はない。「この投手なら、ヤマを張らなくたってだいたいは打てる」という選手はそのままやればいい。だが、実際にそれができるのは限られた才能の持ち主だけだ。投手によっても違う。二流、三流レベルが相手なら予測をしなくても攻略できるだろうが、一流投手ではそうはいかない。

要するに、自分のほんとうの力と相手の能力をきちんと見極め、必要な準備をすればいいのだ。理想を掲げるのはいい。だからといって、理想だけ掲げて、現実を打破する努力を忘れてしまってはダメだということなのだ。

最初から「やれ」と決め付けはしないが、かつてカーブ打ちに苦しんだ私のように、壁に突き当たっている選手には、ヤマ張りを薦める。

「打てないならヤマを張れ。読みの逆を突かれて三振して帰って来ても、オレは文句は言わない」

そう言って送り出してやる。外国人選手などにも同じようなアドバイスをする。彼らの多くは、来た球をガツンと打てばいい、という考え方に慣れているので、私が配球分析、ヤマ張りの話をすると、「オー、グッドアイディア」などと感心している。

仮に読みが外れていい結果が出なかったとしても、得るものは少なくない。セオリーやデータから「ここではカーブが来る」と予測していたとき、思いがけずストレートが来て打ち取られた。そうしたら、その捕手は意表を突くのが好きなのだとか、セオリーの裏を取る傾向が強い、つまり、打者の動きをよく見ている、といったことがわかってくる。そうしたデータを蓄積するか、無視するかで、長い戦いの結果に大きな差が出てくる。

捕手というのは「裏街道」の好きな人種である。人の裏をかいてよい結果を出すことに快感を覚える傾向が強い。カウント0—3で、百人が百人、ストレートでストライクを取りにくるだろうと考えているとき、変化球でストライクを取りほくそ笑む。それが捕手だ。

配球には捕手の特徴がよく現れる。性格の反映といってよい。中日ドラゴンズの谷繁元信は二〇〇七年の日本シリーズでもなかなかの活躍を見せ、現在の球界を代表する捕手になったが、横浜ベイスターズに在籍していた頃の彼は、配球にはっきりした傾向が見られた。とにかく同じ球種、同じコースを続けるのだ。「もう同じところには来ないだろう」と思っていると、また同じところに投げさせる。三球、四球と続く。

谷繁は典型的な捕手だから、同じ配球を続けることで、「もう来ないだろう」と考える相手の裏をかいているつもりなのだ。ヤクルトの監督時代、そう分析した私は、密かにチーム内で「続きの谷繁」と名付け、同じ配球を続ける傾向を逆手に取って横浜投手陣を打ち崩した。

続けることが悪いのではない。それはその選手の人間性、思考の反映だ。要は対戦相手として、その心理を摑《つか》んで、有利に運べばよいわけだ。

打者分析の徹底

野球が他のスポーツと一番違うのは、戦力の差だけで勝敗が決まらないということだ。主な球技を見ても、勝率五割台で優勝が決まるのは野球ぐらいである。試合数は圧倒的に多いのに、最後の一試合で決まったり、同率になって一試合だけプレーオフがおこなわれることもある。実力があると考えられる高給取りの選手を揃《そろ》えれば、他のスポーツならたいていそのチームが勝ってしまうが、野球では高給取りを並べたヤンキースや巨人が毎年優勝するわけではない。強いものが必ず勝つわけではないのだ。

そこに弱者の付け込む隙《すき》も生まれる。弱者でも強者の分析をしっかりおこなって、徹底して弱点を突いてゆけば活路は拓かれる。

野球の基本は守りだとするなら、守りの基本は相手打者の分析だ。それをしっかり遂行することが第一歩となる。

私は打者を分析する際、四つに分類して考えることにしている。四つの型は次のようなものだ。

A型　ストレートを待ちながら変化球にも対応しようと考えて打席に入る打者。
B型　内角か外角、どちらか打つコースを決める打者。
C型　右方向か、左方向か打つ方向を決める打者。
D型　球種にヤマを張る打者。

四つの型はあくまで基本形で、A型の打者が打席の途中でB型に変わるといったことはよく起こる。捕手は四つの型を基礎にして、状況やその打者の調子などの要素を加え、どの型の傾向が強く出ているかを判断して打球分析を基に配球を考えればよい。

断っておくが、四つの型を決め付けないことだ。例えば、Aという打者は基本的にA型だが、状況やボールカウントによって、D型になったり、B型になったりするから〝捕手の眼〟が大事になるのだ。

四つの型のうち、日本人に多いのはA型だ。D型を心がけているような打者でも、打席で追い込まれると、「変化球を待っていてストレートが来たら見送るしかない。それはイヤだ」「見逃しの三振はしたくない」という心理が強くなり、A型になってしまう。

A型は、ストレートに比重をおいて変化球に対応していくタイプである。基本がストレート狙いなのだから、捕手としては変化球で打ち取ることが多くなる。その使いどころさえ間違えなければ、ケガは少ない。

B型のコースを絞って待つ打者には強打者が多い。強打者で、自信過剰なタイプ。前の打席で内角を安打したりしていれば、「オレの力をわかったはずだから、今度は内角では勝負してこない。だからこの打席は外角に狙いを絞ればいい」といった考え方を取る。

C型は騙しの得意な打者だ。引っ張ると見せかけておいて反対方向におっつける。右方向（左打者なら左方向）を狙っていると見せておいて、守備位置が動いたりすると思い切り引っ張って野手のいないところを抜くといった打ち型をする。

D型はいわゆるヤマ張りだが、他の型との複合型になっていることが多い。

四つの型のうち、A型は捕手からすると比較的対処しやすい打者が多い。常にストレートを待ちながら、厳しい変化球にもきちんと対応できるのは、限られた打者だからだ。現役で言えば、イチロー、松井秀喜のような超一流に限られる。

私は一九九五年の日本シリーズで、ヤクルト監督としてイチローのいるオリックスと対戦した。勝敗のカギはズバリ、イチローをいかに抑えるかである。そこで彼の打席での考えを知るために、いろいろなインタビューの記事や談話を読んでみた。イチローはA型に分類されるが、彼は「自分は変化球をマークしておいて、ストレートについてゆく、それが理想だと思っている」と答えていた。私はびっくりした。普通の選手は変化球を意識していたら、そこにストレートが来れば手も足も出ない。なのに、イチローは最初から変化球を意識して打席に立ち、ストレートにも対応することを心がけているというのだ。

私は自分の体験から考えてみた。イチローのような待ち方をして全然打てないわけではない。右投手のカーブやスライダーを意識しているとき、ストレートが来ると無意識のうちに反応していい当たりが出ることがある。ただし、それはごく調子のよいときに限られていたし、打球も微妙にポイントがずれるので、右方向への流し打ちのようなものになってしまうのだが。

イチローは普通の選手が好調なときに無意識にやることを、常に意識的にやろうとしている。なんと凄い才能の持ち主なのだろうと感心した。

B型のコースに絞る打者は、性格さえ摑《つか》んでしまえば、打ち取る糸口は探せる。自信家なのか、疑り深いタイプかで、コースの狙いを読むことは可能だ。

捕手から見て厄介なのはC型の打者だ。巨人にいた元木大介などはその代表格だった。常に勝負心で打席に入っていたのだろう。ピンチになって元木が打席に立つと何を狙っているのかわからず、痛い目に遭うことがよくあった。A型で高い打率を残すような天才型の打者ではないが、反対方向に打ったり、外した投球でもなんとかボールに当てるといった細工が利き、こちらの読みを考えながら対応してくる頭もある。ほんとうに勝負強い、チャンスに強い打者だった。C型は厄介だが、抑えればやりがいを感じる型でもある。

打者を型に分類することが重要なのは、それをやっておかないと、投手がただボールを投げているという形になってしまうし、配球の組み立てが出来なくなるからだ。「まずストレートを投げてストライクを取ろう」「ストライクを取ったので、次は外にボール気味にスライダーでも投げておけば、痛い目には遭わない」というように、分類を考えないで、その場その場で打者の狙いを外すことだけを考えていると、簡単に打ち取れる打者でも手間取ったり、痛打されたりすることがある。

「こういう型の打者で、尚かつこの場面なら、こういう考えで打席に立つはずだ」と読んでおけば、誰に対しても同じパターンで投球するような愚は避けられるし、そのほうが投球数も少なく、投手への負担も小さい。

とにかく捕手は、①打者分析をしっかりしておく②打者の前をボールが通過したとき、打者のボールに対する反応をしっかり見極める〝眼〟をもつことに尽きる。

〝生きた情報〟——捕手は「疑い屋」たれ

捕手はやりがいはあるが、華やかなスポットを浴びるポジションではない。投手のように我が強く、我が道を行くような性格ではあまりよい捕手にはなれない。闘志は必要だが、受けに強いことも必要だ。肉体的な条件だっていろいろある。

必要な要素はあげてゆけば切りがないが、私は以下の要素を求める。「分析」「観察」「洞察」「判断」「記憶」の五つである。

分析とは、相手打者、相手チームに対する基本的なデータ収集である。まずここがスタート地点だ。

観察とは、目に見えるものから情報を引き出す力である。グラウンドには注意深く見れば、いろいろな情報が転がっている。打席に入る打者の動きひとつにしてもそうだ。打席でのステップの方向などで狙いはだいたいわかるし、プロなら肩の入り方ひとつ、腰のひねりの僅かな違いで打者の意図を感じるぐらいにならなければならない。

だが、目に見えるものを追うだけでは足りない。洞察とは見えないものを読む力、相手の心理を読み取ってゆく力である。打者を型に分類するのは、その型特有の心理傾向が見られるからでもある。

「この打者はA型だ。A型の打者というのは、こうした状況ではこういう気持ちで臨んでいるはずだ」

そうした心の動き、見えない部分にまで推理を働かせる能力が備わってくれば、捕手としてはかなりのレベルに達したといえる。

ただし、相手を見る目が備わったとしても、常に最善の手が打てるかどうかはまた別だ。「判断」と「記憶」は一体といってもよい。最善の手を選んで判断するにはそこまでの記憶の集積が大きな力になる。記憶のライブラリーからすぐに情報を引き出して、最善の手を下す。それができるようになれば、まず一人前といってよいだろう。

野村の野球は、データ野球という人がいる。私も、一種のキャッチフレーズとしてＩＤ（インポート・データ）野球を掲げたことがあった。しかし、データは試合前に「準備」しておくものである。そしてデータだけでは試合は戦えない。データ（情報）は、あくまでも参考資料である。

生きた情報は、動いている試合の中にたくさん含まれている。それをいかに速く、正確に摑《つか》み取り活かすかで勝敗が決まる。試合の中での情報戦略のカギを握っているのが捕手なのだ。判断力には、基準が必要だが、決断には基準はいらない。「体」でするものだ。

捕手は疑り深い性格であれ。「疑い屋」たれ。私はよくそんな話をする。捕手は試合のなかで、ひとりだけ他の八人と違った方向を向いている。みんながそうだと思っているときでも、違ったものが見える可能性がある。「これでいいのか。これが最善なのか」と常に疑ってかかる性格を形成してゆかないと、一流の捕手にはなれない。

「狙い打たれたら、一〇〇%自分の責任だ」

現役時代、マスクを被るときは、常にそう言い聞かせていた。自分が全責任を負うのだから、当然リードには慎重になる。漠然と、「だいたいみんなこうやっているようだから、ここはこのサインで」などといった、いい加減なサインの出し方はやらなくなる。実際の捕手の責任がどれくらいあるかは別として、若い捕手にも私と同じような覚悟を持って試合に臨んで欲しいものだ。

二流を一流に引き上げるのが捕手である

私の捕手論ノートには四つの鉄則がある。

①十二種類のボールカウントによる打者心理を考えること。

（投手不利なカウントでの対処法　投手有利なカウントの際の対処法）

②打者の長所・短所（打者分析）をデータを基に研究する。

③好・不調の打者をチェックし、マークする打者の決定。
④味方投手の好・不調の察知とカモと若手のチェック。

「野村は捕手の役割を強調しすぎる」

「いくら捕手が頭を使ったって、投手がヘボなら、勝つことはできないさ」

いまだにそんなことを言う人がいる。しかし、投手が自分の好きなように投げて、捕手はただ受けるだけという野球では、現在のように細かいデータを収集し相手を徹底的に分析して攻めてくる野球に、投手個人の力に頼るだけでは勝つことはむずかしい。捕手は補手なのだ。「投手を助け、試合を演出する」。それが主な仕事である。

それに昔と違って投手そのものの能力も落ちてきている。もちろん体は大きくなり、筋力トレーニングなどの導入で瞬発力は格段に上がったが、投げ込みをしないので、投手として必要な体力はつかないし、長いシーズンを通してコンスタントに力を発揮できる選手も減ってきている。マシンの導入や筋肉トレーニングの普及で打撃力が飛躍的に高まったのに、投手の進化は進んでいないどころか、後退している感じさえする。

投手にとって、腕は消耗品と考えている。打者の消耗品はバットであるから、近年はピッチングマシーンや室内練習場が全球団に設置され、打者は一日中バッティング練習している。

そうしたなかで、捕手のリードはますます重要になってくるだろう。

捕手のリードによって、いかに成績に差があるかを具体的な例で説明しよう。自慢話めくが、私が経験したなかに典型的な例があるので紹介したい。

私が南海ホークスの監督時代、何年か二桁《けた》勝利をあげて、エース級などと評価されたNという投手がいた。この投手が、あるシーズンが終わったあと、私のもとを訪ねてきた。トレードに出して欲しいのだという。理由を訊《き》くと、当時の投手コーチとそりが合わないので、その下では働きたくないということだった。

やる気のないプレーをされても困るので、ひとまずトレードに出してやることにして希望の球団を尋ねてみた。阪神タイガースが希望だった。同じ大阪でも南海よりはずっと人気があったので、憧れていたのだろう。

阪神に打診してみると、「要らない」という返事が戻ってきた。阪神サイドはNの好成績はリードによるところが大きく、他のチームに移ったら、力は半減してしまうと判断したのだ。それが外から見たNの評価だった。

結局いろいろ移籍先を探した末、中日ドラゴンズとの交換トレードに落ち着いた。中日側の交換要員は、一軍半の左のワンポイント・リリーフふたりだった。

トレードが成立し、Nが挨拶に来たので、私は思っていたことを正直に話してやった。

「お前は余所《よそ》に行ったら、余程しっかりしないと勝てないぞ。はっきり言って、お前がローテーション投手だとか言って胸を張っていられるのは、オレが受けているからなんだよ。余所《よそ》に行って、違う捕手に受けてもらえばわかる。今のままならまず勝てない」

本人は納得しかねるといった表情で聞いていた。

どう見ても南海が損をしたように見えたトレードだったが、Nは中日に移ると一勝もできずシーズンを終えた。挙句の果てに解雇され、最後はヤクルトスワローズのテストを受けた。その頃、ヤクルトの監督は広岡達朗氏だったので、頼んで採用してもらい、中継ぎなどで起用しプロ生活を終えさせた。

捕手が違えば二桁《けた》の勝ち星をあげていた投手もたちまち二流の敗戦処理にまで落ち込んでしまう。逆に言えば、捕手のリード次第では、超一流の素材とはいえない投手も戦力として立派に通用させることができる。これひとつ取り上げても、捕手という仕事のやりがいの大きさがわかっていただけると思う。

第六章

適材適所と意識改革が組織を変える

――日本一への「再生」プロセス

「再生」とは何か

「野村再生工場」などと呼ばれるようになったのはいつ頃からだろう。確かに私は他のチームが見捨てた選手を活躍させた経験は多い。

ただ、好き好んで再生工場を稼動させたわけではない。再生には限界がある。再生ではほんとうにチームの中心になる選手は育てることはむずかしい。そういう主力選手は即戦力としてドラフトで獲得するか、ＦＡやトレードなどで獲ってこなければならない。

再生工場というのは褒《ほ》め言葉らしいので、大変ありがたく聞いているが、本音を言えば、大金をかけて有力なＦＡ選手や新人を獲得するようなこともやってみたいのだ。

再生に関して言えば、兼任監督だった南海時代のほうがその後よりもうまく行ったように思う。私自身が現場でマスクを被っているほうが、その選手の適性、つまり短所、長所をはっきり見極め、具体的なアドバイスを送ることができるからだ。

私がプレーイングマネージャーを引き受けた頃の南海ホークス（一九六九年は最下位）は、エースの杉浦が一九七〇年シーズン限りで引退し、頼りになる投手がほんとうにいなかった。監督就任二年目の一九七一年など、投手成績ベストテンに南海の選手はひとりも入ることができなかった。これでは勝負にならない。

私が考えたのは他球団でくすぶっている見どころのありそうな投手をトレードで獲得することだった。

最初に目をつけたのは東映フライヤーズの江本孟紀《たけのり》である。東映から私の控え捕手を欲しいという申し込みがあったので、その交換要員として江本を指名した。社会人から入って一勝もしていない二年目の投手だったので、東映は簡単に江本を出してくれた。その江本は南海に来たとたん、いきなり十六勝をあげて、エース級の働きをする。

翌年には巨人から前年〇勝の山内新一、四年いて一勝もしていない松原明夫（のちに福士敬章に改名）の投手をトレードで獲得した。彼らもともに一年目から山内が二十勝、松原が七勝と大活躍し、リーグ優勝に貢献してくれた。

選手の資質を見るときに、直感は非常に重要だ。あまり実績はなくても、直感で強い印象を受けるような選手にはたいてい優れた資質が潜んでいるものだ。江本などはその代表だった。

東映との試合で見た長身と馬力のありそうなところに目をつけて獲ったのだが、実際に会ってみると、非常におしゃれな男だという印象を持った。ファッションのセンスは野球に通じるところがあるので、「こいつは思った以上に大きくなりそうだ」と直感した。

そこで、まだプロで一つも勝っていない選手にしては珍しい16というエース級の背番号をつけさせることにした。この背番号で少しでも自覚を持って発奮して欲しいという気持ちで若い番号を与えたのだ。

しかし、江本は扱いのむずかしい男だった。監督の言うことにことごとく反発する。当時、若い選手には長髪やヒゲが流行していた。なかでも江本は球界有数の長髪に口ヒゲと目立つことこの上ない。当然ファンのなかには、みっともないとか、芸能人のマネだと非難する声もあった。

私も実際そうしたファンの声を聞いたので、長髪禁止令を出すことにした。しかし、それに素直に従う江本ではない。「野球と髪の毛は関係ない」とうそぶき、髪を切ろうとしない。私は、当時、師と仰いでいた評論家の草柳大蔵さんから、「長髪の元祖はレオナルド・ダ・ビンチだ。彼はモナリザを描くために、女性になりきろうとして髪を伸ばしたんだ」という話を聞き、さっそく江本の説得材料に使わせてもらうことにした。

「お前、髪を伸ばしているなら、男の長髪の歴史ぐらい知ってるんだろうな。あれは女の心理研究のためにはじまったんだぞ」

そういって長髪の恥ずかしさを説いた。そこまで言われると、流石の江本も髪を切らざるを得なかった。

とにかく何にでも反抗する選手だったが、次第に呼吸がつかめてきた。右といったら左、左といったら右という男なのだ。だからそれを予め読んで私の考えるほうに導くようにした。

高知出身の「いごっそう（頑固な性格）」の上に照れ屋だったので、そうしたへそ曲がりに見えたのだろうが、江本の活躍は私への反発がバネになっていたのかもしれない。

監督は「気づかせ屋」である

江本の翌年、巨人からやってきた山内は、江本と違い、真面目《まじめ》で扱いやすい選手だった。だが、そこが問題点でもあった。

山内はシュートを武器に、リリーフで活躍したこともあり、実績では江本よりもずっと上だった。だが、ひじを故障して速い球が投げられなくなっていた。

それなのに本人は一生懸命練習して、力みまくってかつてのような速球を投げようとしている。自己分析が全くできていない上に、無駄な努力をしているように、私には見えた。

「お前は何に挑戦しているんだ。一五〇キロのストレートを投げたいのか。そのストレートで打者を三振に取ろうというのか。だとしたら諦《あきら》めろ。お前には、もう一五〇キロは投げられない。速い球、速く走るのは天性だ」

山内は不満そうに聞いている。私は続けた。

「凡打ということ、打たせて取るということを少しは考えてみろ。アウトは三振ばかりで取るものじゃないぞ。打者を打ち取るには、「三振」か「凡フライ」か「凡ゴロ」しかないだろう。今まで一試合で二十七個全部のアウトを三振で取った投手がいるか？　そんなことができたら打者はおまんまの食い上げだ。少しは打者にもメシを食わせてやれや」

冗談混じりに力任せの投球を戒めると、興味を持ったようだった。

「お前の持ち球から言ったら、ゴロで打ち取るのが一番向いている。外角の低め、低めにボールを集めてゴロを打たせる投球をやってみろ。ストレートがナチュラルに変化する、それを武器にしろ」

そして話し合って、一つの試合を実験台にすることにした。相手は太平洋クラブライオンズ。現在の埼玉西武ライオンズの前身である。一発屋もいたが、全体に荒っぽく、ゴロで打ち取るには向いたチームである。

試合がはじまると、私はすべて外角に投球を集めさせた。ストレートも変化球も外角、それも低めばかり。これだけ一辺倒の投球をするのは、投手にとって抵抗があるものだが、山内は、「もう自分にはあとがない」という気持ちが強かったのだろう。素直に私のリードに従った。結果は完投シャットアウト。

一番速いストレートでも、せいぜい一三七、八キロだったろう。それでも丁寧にコースを突いてゆけば、完封することができる。山内にとっては大きな発見だったに違いない。

試合後、山内は新聞記者に囲まれ、インタビューを受けた。ある記者が尋ねた。

「完封できたのはたまたまではありませんか。だって三振はたったの二つですよ」

昔はこんな容赦ない質問をぶつけてくる記者もいたのである。山内は適当に答えていたが、私はインタビューを終えて戻ってきた山内に忠告した。

「あんな質問は気にするな。三振なんか少なくたって、抑えればいいんだ。我が道を行くことに徹しろ」

外角低めへのコントロールは、投手にとって、もっとも基本になる生命線である。これを磨くことを私は「原点能力を高める」と呼んでいるが、原点能力が高まりさえすれば、あとはいろいろな方向に能力を高めていくことが可能になる。

外角一辺倒で完封したあと、今度はインコースも交えた投球をさせてみることにした。ただ、外角と同じような割合で投げるのではなく、内角はすべてボールになるようにリードした。外角一辺倒と比べたら、だいぶ幅は広がったが、やっていることはそうむずかしいわけではない。シンプルなことをやっただけである。

しかし、前の試合で外角一辺倒の投球をしたことは、相手チームも熟知していたので、ボールになる内角球が思った以上に効果をあげた。

こうして立て続けに好投した山内は、すっかり自信をつけ、なんと二十勝をあげてしまった。一九七三年南海のリーグ優勝は、この山内の働きがなかったら、できなかっただろう。

長く監督をやってきて、この仕事は「気づかせ屋」だと感じることがよくある。

プロに入ってくるような選手は、みんな、一般の人には考えられないような優れた能力、素質を持っている。だからといって、全員が長嶋やイチローになれるわけではない。優れた才能を持っていながら、その使い方が間違っていたり、自分が向いているのは別の方面なのに、方向違いの努力をしている選手は少なくない。

山内などはその代表だった。速いストレートで力任せに三振を取りに行くような投球に、自分でさっさと見切りをつけて、コントロールを磨いて、ゴロを打たせる投球を早く身に付けていれば、巨人から放出されることはなかったかもしれない。

私がやったことは、山内に、今の自分の力を気づかせ、プロとして生き残るためには何をすべきかということに目を向けさせたことだった。

こうした監督の仕事を、私は「気づかせ屋」と呼んでいる。

江本の長髪をとがめたのは、彼に、「プロは常に観客の視線を浴びている存在なんだ」ということを気づいて欲しかったからだ。ファンの中にはいろんな美意識の持ち主がいる。「長髪がカッコイイ」という人もいるかもしれないが、それと同じくらい、「何だ、あんなに髪なんか伸ばして」と不快に感じる人もある。プロである以上、ファンが不快に感じるようなことはやってはいけない。しかも野球には、子どものファンが沢山いる。子どもたちに見せたくない、聞かせたくない言動を認識し自覚することだ。そういうプロとしての基本的なマナーに気づいて欲しかったのだ。

講演などに招かれて、よく、「組織、チームづくりの上で一番大事なことは」と尋ねられることがある。ひとつだけあげるのはむずかしいが、私は人間教育が基本だと考えている。チームをつくるには、まず選手ひとり一人をしっかりしたプロにつくり上げなければならない。人間形成だ。そして人間形成には、その人物が持っている可能性、自分も知らなかったような能力、資質に目を開かせてやる必要がある。「気づかせ屋」とは、人間づくり、チームづくり、それが組織再生の基本である。

好みを言えば、「野村再生工場」と賞賛されるよりも、「日本一の気づかせ屋」と言われたほうがうれしいのだが、残念なことに、そう呼んでくれる人はあまりいない。

私が選手たちに一番、気づいて欲しいことは、野球を引退してからの人生のほうが長く、「自分から野球を取ったら、何があるか」ということである。人生観、価値観の確立が根底になければ、どの世界でもプロとは呼べない。

古田起用の意外なきっかけ

「気づかせ屋」とは、意識改革と適材適所を徹底させるということだ。現役を退いて九年間の評論家生活を経たのち、ヤクルトスワローズの監督に就任して、一番強く感じたことは、適材適所がおこなわれていないことだった。

長い間低迷していたチームなので、特にそう感じたのだろうが、そのポジションに一番向いていないような選手が、本人も周りもさほど気にしないまま、そのポジションをやっているといった例が多かった。

私が就任した一九九〇年当時、ヤクルトの正捕手は秦真司だった。法政大学から入団して六年目の選手である。左打ちの打撃は「少年野球の手本にしたい」といったような、クセのない素直なフォームで見どころがあった。

だが、捕手はなんといっても守り、とりわけリードである。その肝心のリードとなると、秦はからっきしだった。私の眼から見ると、信じられない配球をするのだ。秦は前年には八十試合あまり、その前には百二十試合近くに出場していた。「よくこの捕手で我慢したなあ」と、私は前任者の関根潤三監督の忍耐強さに驚いた。

ある試合、カウントがノースリーになったことがあった。得点差が何点あったかは忘れたが、ともかく次の一球は打者が絶対打ってこないという状況だった。誰が見てもど真ん中にストレートを投げさせる場面である。

ところが、百人が百人ストレートと思った場面で、秦は変化球を要求し、それが外れて四球を与えてしまった。

私は信じられない出来事にすっかり頭に血が上り、横に座って見ていた新人の古田に、「お前行け！」と叫んで秦を引っ込めた。うなだれてベンチに戻ってきた彼に、私は変化球のサインを出した理由を問うた。

「なんであそこで変化球なんだ？」

「はあ、打ってくるような気がしたもので」

この答えを聞いて、私はクラクラ来そうになった。素人でも打ってこないとわかる場面で、「打ってくるかもしれない」と考えるような選手に捕手は向かない。私は二度と秦を捕手に使うまいと決めた。

秦の代わりに起用したのが新人の古田だった。リードはまだまだだったが、私が教え込めばなんとかなる。ともかく古田を一人前にしなければ、捕手がいなくなる。そう思って古田を厳しく鍛えた。古田がレギュラー捕手になるきっかけは、四月下旬のこの試合だったのだ。

秦は不思議な発想をする男で、何事もむずかしく、むずかしく考えようとする。普通はむずかしいものをシンプルに考えようとするのだが、秦は逆を行ってしまうのだ。袋小路に入り込んでしまうこうした発想は、捕手に最も向いていない。

ただ彼は打撃の素質にはいいものがあったし、物事を突き詰めてゆくタイプだから、打者には向いていた。捕手をやっていたくらいだから肩も悪くない。俊足でもある。そこで私は外野手に転向させることにした。

外野手に転向した秦は、その後、レギュラーポジションを取り、長く活躍した。九二年の西武との日本シリーズ第六戦では、延長十回に抑えの切り札だった潮崎哲也からサヨナラ本塁打を放つ活躍も見せた。もしそのまま捕手をやらせていたら、古田の陰に追いやられて、そのまま消えていってしまったかもしれない。

しかるべき場所にしかるべき人物を置く——適材適所の鉄則は、本人にとってもチームにとっても極めて重要なことなのだ。

潮崎のシンカーを盗め！

プロに入ってくる選手の中でも、投手は自分の適性を見誤っていることが多い。プロから声がかかるような投手は、まず間違いなく自惚れ屋、自信過剰、地球は自分を中心に回っていると考えるタイプである。とりわけ、エース級がそうだ。

アマチュアでは運動能力が一番優れた子どもを投手にするのが一般的であり、投手として自分が中心になって試合をしてきた「お山の大将」が、自分の能力を特別のものと思い込むのも当然だろう。

しかし、プロに入れば、誰もが先発のエースとして活躍できるものではない。力から見て中継ぎが向いている投手もいれば、リードされている場面でしか使えないような投手もいる。何もこうした投手を貶《おとし》めているわけではない。チームとしては、いろんな役割の投手が必要で、何に向いているかを本人に早くわかってもらうことが大事なのだ。

高津臣吾はヤクルトで抑え役として活躍し、セーブの日本記録を作り、メジャーでもプレーした。ストッパーとして頂点を極めたといってもよい。私がヤクルトで日本一になった日本シリーズでは、三回とも最終回のマウンドに高津がいた。ミスター胴上げ投手である。

しかし、亜細亜大学から入団した新人の高津を初めて見た印象は「プロではちょっとしんどいな」というものだった。右のサイドスローだが、変化球はスライダーなど横の変化が中心だったし、球速もそれほどあるわけでもない。右打者には通用しても、左打者にはカモにされるように思えた。

ただ、当時は生きのいい投手が何枚でも欲しいときだったし、大学野球でそれなりに活躍して、気持ちには強いものを持っている感じがしたので、なんとか短いイニングを任せられるような投手に仕立てたかった。

何かいい手はないかと考えた末、思いついたのが「盗み」だった。西武の潮崎哲也が投げているシンカーを高津にマスターさせてみようと考えたのだ。

高津が入団する前の年（一九九〇年）、西武は巨人に四タテを喰らわせて日本シリーズを制した。西武が最も強かったシリーズだったかもしれないが、このシリーズをたまたま見ていた私は、新人の潮崎が投げるシンカーに目を奪われた。一度浮き上がってから大きく落ちるあまり見たことのないシンカーで、巨人の打者は全く手が出ない。右のサイドスローなのに、左打者も手玉に取っていた。

高津も潮崎と同じ右のサイドスローである。あの潮崎のシンカーを自分のものにできれば、左打者も苦にしない、いいリリーフ投手になれるのではないか。

そこで私はキャンプの際、高津に「潮崎のシンカーを盗め！」と指令を出した。

「日本シリーズのビデオがあるはずだから、それを見て、あのシンカーを自分のものにしろ。スローが出るはずだから、それで握りなどはわかるはずだ。あれをものにしなければ、今のお前の力じゃ左打者を抑えることはできないぞ。緩急を身につけるんだ」

投手らしい自信を持ってプロに入ってきた高津は、最初のキャンプでいきなりこんなことを言われて戸惑ったようだったが、それでも素直に取り組んだ。

しかし、なかなか身に付かない。訊《き》いてみると、「ものにするのはむずかしい」と言う。潮崎のシンカーは薬指と中指でボールを挟《はさ》んで抜くのだが、それがどうもうまくできないようだった。

「このボールの持ち方ではなく、人差し指と中指ではさむ持ち方ではダメでしょうか。この持ち方でフォークのように抜くとある程度、緩く大きく落ちるんですが」

潮崎とそっくりでなくても、ある程度落ちて、打者のタイミングが狂えば使い物にはなる。

「そうやって投げれば、遅いシンカーみたいな感じになるのか」

「なりそうです」

「じゃあ、そうやって投げてみろ」

結局、高津は自分なりに工夫した「スローシンカー」というべき球をものにした。その球をオープン戦で左打者に試してみると、面白いようにクルクル空振りする。それで本人もすっかり自信をもった。

もともと緊迫した場面でもあまり動揺しない強い神経は持っている。そこにスローシンカーという武器が加わった。最初は中継ぎで使っていたが、次第に抑えにも起用するようになり、入団三年目の九三年からは抑え役として完全に定着した。変われば変わるもので高津は、左打者の方が得意になった。一つの球をものにして適所に座ることができたわけだ。

高津への荒療治

変化球をものにして抑え投手の地位を手に入れた高津臣吾だが、そうやってかわす投球で打者を打ち取るようになっても、投手というのは力一杯のストレートで打者を打ち取りたいという気持ちをなかなか捨てられないらしい。

高津も抑えになってから、ときどき力んでストレート勝負に出て、打たれることがあった。強気は抑え投手の必須条件だから、そうした気持ちも必要なのだが、あまり頻繁にやられてはチームもたまったものではない。「お前のストレートじゃ通用しないぞ」と口で言っても、本人はなかなか納得しない。そこで私は荒療治に出ることにした。

巨人戦の九回裏一死走者二塁、打者は新人・松井秀喜の一軍デビュー二戦目という場面で高津がマウンドにいた。当然、外角と変化球で打ち取りに行く場面である。しかし私は高津にストレートで勝負させることにした。「ためしに松井に内角ストレートで行ってみい」と指示したのだ。高津は不安そうに首を傾《かし》げたが、私はかまわずストレートを投げさせた。結果は東京ドームの最上段まで飛ぶ特大の二点本塁打だった。

何も試合を捨てたわけではない。スコアは四対一だったから、二点本塁打を打たれても、まだヤクルトがリードしている。あとの打者を考えれば、本塁打を打たれても逃げ切れるだろうという計算があった。

そうまでして高津にストレートを投げさせたのは、お前の内角ストレートは、左の強打者にはもう勝負球にはならないということを気づいて欲しかったからだ。

本塁打のあと後続を打ち取ってベンチに戻ってきた高津に、私は「アカンやろ」と声をかけた。高津は何ともいえない複雑な表情をしていたが、それからは無理なストレート勝負は避けるようになったから、私の荒療治も効果はあったのだろう。

飯田のコンバート成功

隠れていた能力を見つけ出し、適所に配した一番の成功例はヤクルトの飯田哲也ではないだろうか。

私はヤクルトスワローズの監督に就任した際、秋季キャンプを見ることができなかった。まさか監督要請があるとは思っていなかったので、いろいろなスケジュールで埋まってしまい、秋のキャンプに行けなかったのだ。

通常は秋季キャンプで現状の戦力をだいたい掌握し、強化すべき点を見つけておいて翌年春のキャンプに臨む。ところが、その下準備ができず、いわばぶっつけ本番で最初の春のキャンプを迎えた。

キャンプ初日、二月一日、私はコーチに命じて足の速い選手を集めさせた。低迷しているチームがいきなりボカスカ打てるようになるはずはない。まず足を使うこと。〝足にはスランプがない〟。ここを糸口に、機動力で攻撃を組み立てていこうと考えたのだ。

数人の「足のある」選手が集められたが、当時はまだ二軍の飯田もそのなかに含まれていた。小柄で俊敏そうな選手だったが、なぜかキャッチャーミットを持っている。私は不思議に思って尋ねた。

「キミはなぜミットなんか持っているんだ？　足が速いというのに、どうしてキャッチャーなんかやっている。捕手というポジションが好きなのか」

飯田ははっきり「好き」とは言わずに口ごもっている。「好きだと即答できないのに、なぜ捕手をやっているんだ」と問い質《ただ》すと、「高校のときにキャッチャーをやれと言われて、それからずっと捕手をやっているんです」と他人事のように答える。私はあきれてしまった。

アマチュアでは選手の特性など関係なく、単にチーム事情だけでポジションを決められてしまうことがよくある。「他に肩の強いのがいないから一番強いアイツを捕手に」といった具合に、適性など考えず、編成上の都合を押し付けられ、そのまま大きくなる子どもも少なくない。飯田もそうした選手のひとりに思えた。

飯田は投手の標的になるには体が小さい。肩はよかったが、緻密《ちみつ》に考えてプレーするよりも、俊足を活かして本能的にプレーするのが似合いそうな選手である。どう見ても捕手向きではない。

「キミの足は親からもらった天性のものだ。キャッチャーになって立ったり座ったりを繰り返していたら、せっかくの足がたちまち遅くなってしまうぞ」

それでも高校生のときから捕手としてやってきた飯田は、納得しかねる顔で聞いている。私は続けた。

「俺はプロに入った頃は足が速かった。入団テストは五十メートル走をクリアしないと合格しない。それに合格したのが何よりの証拠だ。でもな、長年捕手をやって、最後には〝鈍足の野村〟として有名になってしまった。どうだい、納得したか」

ようやく納得したように見えたので、私は「キミのミットはオレが買ってやるから、それで野手用のグラブを買え」と提案した。飯田はすぐにミットをふたつ持ってきた。私はそれを四万円で買い取り、飯田にはその四万円で野手用のグラブを購入させた。

捕手からの配置転換は決めたが、どこをやらせるかはなかなか決めかねた。足は速いし、肩も強いので、一番むずかしいショートを試してみたが、どうもショート特有の身のこなしがうまくできない。ショート向きの資質も感じられない。

次にセカンドをやらせてみた。これはそこそこできたが、チーム事情から、セカンド転向も頓挫《とんざ》した。というのは新外国人に問題があったからだ。

新しい外国人ジョニー・レイは、外野手というふれこみだった。ところが実際に来日してみると、セカンドが本職だという。「外野じゃなかったのか」と訊《き》くと、一試合だけ守ったことがあるという。どうやらフロントは、その試合を見て外野手だと判断したのだった。外国人は戦力になってもらわなければならないから、やむなくレイにはセカンドを守らせた。飯田は押し出されてしまった。

結局、内野にはポジションがなく、俊足を活かすのに最適な外野手をやらせることにした。これが大正解だった。

飯田の運動能力は桁外《けたはず》れだった。人間業《わざ》ではない、飯田は動物だ！　と思うプレーが幾度もあった。足や肩ももちろんだが、何といってもバネがすばらしい。関口宏さんの司会でタレントがゲームなどをする『東京フレンドパーク』というテレビ番組があるが、あの番組に出演して、着ぐるみを着てボードに飛びつくゲームをした飯田は、凄まじい跳躍力で見ている人を驚かせた。

外野に転向してからも、フェンスによじ登ってホームランになる打球を捕球して、チームのピンチを救ったことが何度もあった。九三年の西武との日本シリーズでは、センターからノーバウンドの見事な本塁返球をして失点を防ぎ、勝利に貢献した。

運動能力もすばらしいが、打球に対する勘、本能的な予知能力といったものも他人にないものを持っている。だが、それは一種野生の勘のようなもので、捕手をしていたら、あまり役に立つことはなかったろう。

その点で、飯田の外野手転向は、本人の資質にぴったり合った、適材適所の象徴といってよいだろう。

飯田のコンバート成功は、同時に、アマから来る選手の能力は、改めて見直さなければならないという教訓を、私に与えた。いまだに私は新人選手が入団してきたら、ポジションは白紙で考える。コーチにも「どこのポジションが向いているか、もう一度探してみろ。先入観は罪、固定観念は悪」と言い聞かせている。そうやって、大事な資質が眠っていないかと注意してやることは、選手の将来にも大きな影響を与えるのである。

鈍感人間は最悪である

振り返ってみると、私の監督生活は、ヤクルト時代にある程度集約される。情報の収集と分析を軸にしたID野球でチームを日本一に三度導くことができた。選手の素質と個性を洗い直し、一番ふさわしい場所に配する適材適所と意識改革の方針で、埋もれていたかもしれない選手を活かすことにも成功した。

もちろん、私のやり方が成果をあげたのは、すばらしい選手たちがいたからでもある。そうしたよい選手たちとの出会いも数多くあった。古田を筆頭に、西村、伊藤智、岡林、高津、池山、広沢、稲葉、飯田、秦……こういう選手たちが揃って日本一になれた。

しかし、監督とはいっても、私も人に使われる身である。後ろ盾がしっかりしてくれなかったら、あれだけの成果を残せたかどうか。

当時、ヤクルトで私をバックアップしてくれたのは球団代表、社長などを務めた相馬さんだった。ドラフトになると、左手で有力選手の当たりクジをつぎつぎに引き当て、「黄金の左腕」などと言われた人物である。一見すると小柄でひ弱そうだったが、山椒は小粒でもピリリと辛い、体に似合わぬ大きな度量の持ち主だった。相馬社長が私を選手に最初に紹介したときの言葉を、今でもよく覚えている。

「お前ら、野村監督の言うことをよーく聞いて勉強しろ！」

そういって一喝したのだ。相馬さんは、私が評論家をしていた際、たまたま私の解説や評論を読んで、この男ならチームの再建を託すことができると踏んで、「うちの選手たちに、野球の神髄を教えてやって欲しい」と言われて私を招聘《しょうへい》してくれた。選手を一喝したのも、

「フロントは野村を全面的に信頼しているからな」という宣言だった。

こうなれば、私も張り切らないわけにはいかない。

私は相手と戦う前にまず、自軍のチームの選手たちとの戦いに勝たねばならない、というのが持論だった。だから、最初の年のユマキャンプでは、ミーティングを選手との〝勝負の場〟ととらえて、毎日ホワイトボード一杯に私の野球観、人生観を書いて選手たちに説いた。

選手たちは、古田でも池山でも、最初のうちは、「こんな話が野球の実戦と何の関係があるのか」と怪訝《けげん》な顔をしていたが、次第に私の考えを理解してくれるようになった。ボードに書く材料は、九年間の評論家生活の中で読んだ、さまざまな本から書き取っていたものだった。中国の古典もあれば、成功した実業家の自伝もある。そうした言葉を書き出して、そこに表れた思想・哲学を選手に叩き込んだのだ。

野球の知識しか与えられてこなかった選手たちには、そうした言霊《ことだま》は、いわば「勝負球」として急所に突き刺さったらしい。回数を重ねるうちに、ミーティングが終わると、選手の間から「凄いな」というつぶやきが漏れてくるようになった。それを聞いて、私は選手との勝負には「これでいける」と感じたものだ。

シーズンに入ると、今度は選手たちに読書を勧めた。遠征で新幹線に乗る。駅に着いて、選手たちの座ったあとを見てみると、裸の写真が載った週刊誌やマンガが散乱し、ジュースや食べ物が片づけられずに残っている。そんな様子を見て、最低限のマナーを徹底させ、社会人としての常識を少しでも身に付けさせようと本を読むように勧めたのだ。

「人間の最大の悪は何だ！　そんな考えることじゃない。鈍感だ！　鈍感人間は最悪だ！　よーく覚えておけ」

そう言って説教した。野球は目配り、気配りが必要なスポーツだ。日常生活で、あとから乗ってくる人のことも考えず、食べ残しをほったらかしておくような鈍感人間が、野球で成功するはずはない。

どれだけの効果があったかはわからないが、その後、私の目に入る範囲では、酷《ひど》いマナーなどは見られなくなった。そうした人間教育も、ヤクルトでの好成績につながっていたのかもしれない。

星野仙一論

私は万年最下位候補のチームばかり引き受けてきた。それだけに、時折、考えることがある。誰もが優勝候補と考えるようなチームを任されるのと、万年最下位候補を任されるのとでは、どちらがやりにくいだろう。

経験がないので想像するだけだが、案外、誰もが優勝候補と考えるチームを引き受けるほうがむずかしいことが多いのではないか。そういう組織やチームだと、仮に優勝したとしても「当たり前だ」と高くは評価してもらえない。逆に最下位候補のチームなら、勝ったときは「流石だ」と言われる。負け惜しみではないが、最下位チームを引き受けるありがたさといったこともあるのだ。

ただ同じ弱いチームでも、ヤクルトスワローズには伝統の制約はなく、好成績が残せたのは選手たちが「野球は頭でするものだ」という私の野球観を素直に受け入れてくれたことが大きい。人気も巨人の陰に隠れるチームなら、思う存分立て直しの腕が揮《ふる》えるが、阪神タイガースのようなチームになるとそうは行かない。

今ではすっかり優勝争いの常連になった阪神だが、私が監督に就任した一九九九年頃は

「ダメ虎」のピークのような時代で、最下位が指定席だった。こういうチームを監督の手腕だけで立て直すのは、ほとんど不可能だ。

チームを強化するのに近道はない。補強、教育・指導、そして技術力アップの三つだ。ところが、残念なことに、阪神では最初の補強という点で、あまり球団の理解が得られなかった。めぼしい即戦力の補強はほとんどなく、私は手持ちの戦力の再配置と新人、若手の育成で乗り切るしかなかった。

そのなかで、左打者専門のワンポイント・リリーフとして遠山奬志が巨人・松井秀喜キラーとして活躍したり、F1セブンと名付けた俊足の若手の中から、赤星憲広が盗塁王に成長してくれたりといった成果もあったが、やはりそれだけでは優勝を争うところまでは行けなかった。

それに加えて、阪神にはヤクルトにはない問題があった。伝統のある人気球団で、選手一人ひとりにヤクルトでは考えられないようなファンやマスコミがついている。それだけに選手も自分を過信しがちで、ついわがままに走るというのが悪しき伝統になっていたのだ。

私は南海時代に、阪神からトレードで来た江夏豊にだいぶ苦労させられたが、時代は変わっても人の話を聞かない、自由奔放といった悪しき伝統は、なかなかなくならなかった。ベテラン選手のなかには、「こんなチームに野村が来たってダメさ」といった態度を見せる者もいた。

二シーズン監督をやったところで、私は音《ね》をあげた。「ダメだ、合わない」と思った。「理を持って戦う」などといったことは、阪神の選手には通用しない。

ある程度自信を持って乗り込んだ大阪だったが、やはり自分に合う球団、合わない球団というのはあるなあ、と初めて感じた。

ただ、合わないからといって、簡単に放り出したのでは、招聘《しょうへい》してくれた人たちに申し訳ない。そこで、私は自分なりに考えた再建策を提案した。それは監督に西本幸雄さんを招くという案だった。

西本さんは選手の育成に関しては、時には鉄拳制裁もいとわない厳しさで臨む人である。監督としての采配や野球観では、私とかなり隔たりがあったが、阪神のように〝しがらみ〟が多く、選手がそれぞれ違った方向を向いているようなチームを立て直すにはもってこいだと考えたのだ。

ところが球団幹部に聞くと、実は以前に西本さんに監督就任を依頼したところ、体調が悪いからと断られたことがあったというのだ。

ではどうしたらよいか。「西本さんがダメだったら、星野のようなのがいいのだが」と言ってはみたが、当時中日ドラゴンズの監督をしている星野仙一が来る当てがあったわけではない。

西本さんにしても、星野にしても、監督になれば、その存在感は強烈だから、選手は意識せざるを得ない。言葉は悪いが、選手は常に「監督の顔色をうかがう」ようになる。そうした環境にならないと、このチームには一体感は生まれないだろう。星野仙一の名を口にしたのはそんな考えがあったからだ。

そのうち、三年目のシーズン限りで私は阪神を退くことになった。同じ時期に、星野も中日のユニフォームを脱いでいた。

「行くなら今ですよ」

私は当時の野崎球団社長の尻を叩いた。野崎さんは「来てくれますかねえ」と半信半疑である。「人間誠意をもって接すれば大丈夫ですよ」と私が押すと、野崎さんも重い腰を上げる決心をしたようだった。

そうして星野は阪神の監督になった。彼は私が考えていたように、相当の厳しさをもって阪神の立て直しに乗り出した。それと同時に、彼一流の交渉力で金本知憲、伊良部秀輝、下柳剛といった戦力、即ち「エースと四番打者」を他球団から補強し、優勝争いを演じるチームにした。阪神には、西本さんや星野のような熱血タイプの指導者が合っているという私の見立ては間違いではなかったのだ。〝中心なきチームは機能しない〟典型である。

楽天監督就任

阪神タイガースでの苦い経験から、私はもう、プロ野球監督を引き受けることはないだろうと思った。年齢も年齢だし、あとはのんびり野球を見ていくか。そんなことを思った。親交のあるシダックスの志太勤会長に請われて、社会人野球のシダックスの監督をやったが、プロでもう一度という考えはなかった。

ところが二〇〇五年の夏頃、楽天の三木谷浩史オーナー（当時）から「野球の話が聞きたい」というお話をいただいた。お目にかかって、私の野球観や外から見た東北楽天イーグルスの話をした。野球とはどういうものか。ゼロから出発したチームが強くなるには何が必要か。考えていることを率直に述べた。

基本的な球団のあり方については、共感する点も少なくなかった。首都圏ではなく競争相手のいない仙台に地元密着のフランチャイズを置く。仙台は以前ロッテが本拠地にした杜の都、プロ野球にはなじみのある土地柄である。そこで、黒字経営を目指して球団を運営していくというのは、野球を親会社の宣伝と考えない現代の経営者らしいやり方で、私にも理解できた。

「野球は相手を○点に抑えれば負けないスポーツです。十点取っても十一点取られたら負けるのです。やはり一―○のチームを構築しなければならない。原理は単純なんです。○点に抑えるための主役は投手。だからまず投手を中心とした補強を考えるのがよいでしょう」

チーム強化の方策を尋ねられた私はそんな話をした。

今から思うと、あれは「監督の面接」だったのかもしれない。ただ、私は新球団の楽天が田尾安志監督に任せた以上、一年で交代させることはないだろうと思っていた。采配に疑問な点もないことはなかったが、戦力を考えれば監督の責任とは言い辛《づら》い点もある。

しかし、記録的な大負けでシーズンを終えた楽天イーグルスは、私に監督を依頼してきた。またしても最下位チームかと苦笑するほかなかったが、大いに魅力は感じた。何といっても、ゼロから出発したばかりで、全く色がついていない。阪神などとは違って、思い切ったことができる。それなら面白いかもしれないと、私は監督就任要請を引き受けることにした。

ゼロからの出発

だが、いざ就任してみると、阪神タイガースとは違う驚きがあった。

「これは大変だ」

「想像していた以上に酷《ひど》い」

チームを見た第一印象だった。個々の選手の力も、チーム全体の力も大きく劣っている。楽天イーグルスは、他球団を解雇された選手の集団である。職業である野球を、広く深く考えたことがない選手たちばかりだった。野球とは何か——試合（勝負）とは、投球とは、守備とは、打撃とは、走塁とは、配球とは——等々、突き詰めて考えたことがない、という。私のミーティングが終わると「野球って、あんなふうに考えてやるのか？」という選手たちの声が、耳に入ってきた。

また、監督が講師のミーティングなど聞いたことがない、など全く話にならない。

不真面目《ふまじめ》というのではない。力一杯投げる、打つ、走る。ただそれだけなのだ。私がプロに入った頃の弱小チームがやっていたような「気分野球」というのが、最初に見た印象だった。

「今日は調子がいいから勝てるかもしれない」「今日は調子が悪いから負けた。仕方がないや」。それでおしまいなのだ。

私は就任一年目は既存の戦力で戦い、二年目の昨シーズンは田中将大や捕手の嶋基宏のような新人を起用してチームを活気づけようとした。補強はままならなかったが、教育・指導と技術力アップの二点では、徐々に成果が上がってきたように思える。

組織における戦力とは、中心選手が何人いるかというだけではなく、実戦において「変化」を読む眼、「変化」に対応する能力、そして「士気」（ムード）を高める、といった無形の力がカギになる。

ただ、現状は満足とは程遠い。技術的にどうだとか、戦術がどうだなどといった段階ではない。まだまだ野球がわかっていない。

もっともっと私の野球観を徹底的に叩き込んで、「考える野球」を浸透させる必要がある。

そうしなければ、いくらいい選手を獲得しても、少しばかり強くなるだけで、また技術力だけでは優勝争いをするような常勝チームのレベルまではいかないだろう。

ヤクルトの一年目、選手との勝負に勝とうと、毎日ホワイトボードに私の野球論、人生論の言葉を書き並べ、意識改革を徹底させたことを、楽天でも地道にやっていくしかない。「畑を耕し」「種を蒔《ま》き」「花を咲かせる」

現在の私の最大のテーマである。コツコツ努力していくしかない。

指揮官のレベルアップ

ヤクルトスワローズでリーグ優勝したのは就任三年目だった。ホップ、ステップ、ジャンプで絵に描いたように強化がうまくいき、優勝に辿り着くことができた。古田敦也をはじめ、優れた選手たちに恵まれた面もある。

それになんといっても私自身が監督として日本一になったことがなく、「日本一になりたい」という願望が強烈だった。

二〇〇七年の日本シリーズを制した中日の落合博満監督は、最終戦で完全試合続行中の山井大介を降板させてまで勝ちにこだわった。その采配については、すでに書いたように、私にはできない。

ただ、落合が日本一になったときの表情には共感できた。無愛想で、メディアに非協力的といわれる男が、満面の笑みを浮かべている。あの顔を見て、私は「わかる、わかる」と独り言をいった。これから落合は大きく変わっていくだろう。日本一の達成感というのは、それだけ大きなものなのだ。

幸い、私は日本一を三度経験させてもらった。その達成感は、今でも鮮烈だ。それだけに、日本一になる以前と同じような情熱、願望を持ってチームの指揮を執り続け、さらに指揮官として私自身がレベルアップできるかを使命に取り組んでいきたい。

組織はリーダーの力量以上には伸びない。指揮官自身が己をレベルアップできるかどうかに、そのチームの盛衰がかかっている。

言うは易し、問題は行いである。

楽天でやり残したことは、まだまだある。目標を達成するまで、自分を律して、野球を追求していくほかはない。

第七章

いい仕事は必ず誰かが見ていてくれる

――天才は妥協しない

失敗は成功のもと

一九八〇年、四十五歳で現役を引退した私は、翌年から評論家生活に入った。現役のときから、引退したら指導者よりは評論家になろうと考えていたし、これまで誰もやったことのない深い野球の見方を広めたいとも思っていたので、仕事には意欲的に取り組んだ。

幸い、出だしは好評だった。評論家の仕事はテレビやラジオでの解説、新聞や雑誌への執筆、そして講演が柱である。私の場合、特に講演の依頼が多かった。引退を宣言したあと、まだユニフォームを着ているというのに、もう依頼が何件も舞い込んだ。引退すると、家の電話が鳴り止まないような有様だった。

女房がマネージャー役を引き受けてくれたのだが、彼女は「声がかかるうちが華よ」が口癖で、依頼はまず断らない。私のスケジュール表は講演の予定で真っ黒に埋まり、二度へリコプターで移動したことさえあった。

食事をする暇もなく、新幹線の中で駅弁ばかり食べる生活が続き、体重が十キロも落ちてしまった。引退後に太る選手は少なくないが、十キロも痩せてしまったのは私ぐらいのものだろう。

講演の依頼が殺到するのはありがたかったが、野球の解説ならまだしも、大勢の人を前に話をする経験などほとんどない。何を話してよいかもわからず、いつも手探りだった。

忘れもしない、苦い経験がある。はじめて講演に行ったときのことである。和歌山県にあった住友金属の工場で話をさせてもらうことになった。社員が千人あまりもいるところに行って話をするのである。話す内容は一応、原稿にしていったのだが、まだ慣れていなかったので、話すペースがわからない。最低でも一時間は話さなければならないところを、三十分で終えてしまった。最後のほうは、しどろもどろで、何ともイヤな感じの冷や汗が流れているのが自分でもわかった。

ほんとうに恥ずかしくなってしまったが、さらに嫌気がさすようなことがあった。六大学野球で法政大学の監督をされ、ロサンゼルスオリンピックでは日本代表チームを率いて金メダルを獲得するアマ球界の名将、松永怜一さんがこの講演を聴かれていたのだ。当時、松永さんは住友金属の監督をされていたのだが、わざわざ私を控え室で出迎えてくれ、「楽しみにしていましたよ」と温かい言葉をかけてくれた。

「松永さんの期待も裏切って、無様な話をしてしまったなあ」

自己嫌悪でほとほと講演がイヤになり、女房には「もう講演は引き受けないでくれ」と頼んだほどだった。その後、松永さんにお目にかかる機会はないが、いまだにお目にかかりたくない気持ちが強い。

講演といってもただ思いつくままにしゃべるのではなく、しっかりした「準備」が必要だ。準備の充実なくしていい結果は得られない。それはわかっているつもりだった。だが、実際にやってみると日本語を知らない、知識がないということを痛感させられた。これでは準備の仕様がない。

「講演の依頼が来るのですが、やるべきなんでしょうか、断ったほうがよいのでしょうか」

私は以前から師と仰いでいた評論家の草柳大蔵先生の所に相談に行った。草柳さんは、即座に「胸を張っておやりなさい」と言ってくれた。

「私たちは講演で、自分の机上の知識を聴きに来た方たちに提供する。でも、あなたには、体験というすばらしい財産がある。あなたの経験をそのまま話してあげればいいのです」

「でも、そんな体験談だけでいいのでしょうか？」

「大丈夫です。聴いている方はあなたの体験を自分の立場に置き換えて聞いてくれます。野球での経験、人生での体験をそのまま話せばいいのです。ただし、一夜漬けの知識を喋ったりすると大恥をかきますよ。あなたが他人よりも勝っているものは何ですか。野球でしょ。だから野球の話をすればいいんです。依頼主がなぜ、野村さんに講演を頼むのか、まず、そこを考えなさい」

草柳さんの話を聞いて、目からうろこが落ちる思いだった。私は聴いている人の役に立ててもらおうと、本で得た知識を喋ったり、企業や学校向けの話を考えたりしていたが、ストレートに自分が戦ってきた野球で経験した話をすればいいと言われ、光が見えた。「あなたが他人よりも勝っているのは野球なんです」という言葉をもらい、強く勇気づけられた。

草柳さんからそうやって励まされ、私は講演の勘所を摑《つか》んだような気分だった。回を重ねた慣れもあるだろうが、次第に多くの人を前にしても、自分のペースで臆《おく》せず話ができるようになっていった。

まさに失敗は成功のもとである。

講演は、自分の話をして、一方的に知識や経験を放出するように思えるが、実はそうではない。行く先々の聴衆の反応などで、そこの土地柄がわかったり、その地方出身の人たちの気質などが見えてくる。そうした蓄積はのちに監督になったときにも、けっこう役に立った。

例えば、同じ話をしても、スパッと反応がある地方と、反応の薄い地方とがある。他の地方では笑いが返ってくるのに、シーンと静まり返っているような町がある。

京都と名古屋は反応の薄い代表格だ。身を乗り出してくる人が少ない。ある政治家の方も、「京都や名古屋で演説するのはむずかしい」と嘆いていた。

喜怒哀楽を表に出したがらない土地柄なのだろう。私も京都府の出身だから、なんとなく思い当たることがある。表面では愛想よくニコニコしていても、腹の中では怒っているといったことはよくあるのだ。

だから、京都や名古屋出身の選手を見るときは、表情はあまり当てにならない。じっくり付き合ってゆかないと、その人間の真価を摑《つか》み損ねることがある。

話をして反応がいいのは、なんといっても東京だ。まだオチまで話していないのに、先回りして笑ったりしている。感覚が鋭いこともあるのだろうが、競争が激しくどうしてもせっかちになってしまうらしい。そうした地方色がわかるようになったのも、講演で全国を飛び回ったお陰である。

リーダーは言葉が命

草柳さんには、折に触れ、他にもさまざまなアドバイスをいただいた。講演では本で得た知識よりも自分の体験を話すように言われたが、本を読むこと自体はむしろ推奨された。「野村さん、言葉は大事ですよ。本を読まなければいけませんよ」と繰り返し聞かされた。草柳さんのお宅の二階には、ちょっとした図書館のような書庫がある。その部屋に案内してくれて、「何がいいかな」と言いながら、自ら私向けの本を選んでくれた。

その中の一冊が忘れもしない、安岡正篤の『活学』という本だった。終戦の詔勅を執筆したり、歴代総理の指南役などといわれた学者の本である。『活学』は人間へのさまざまな洞察を含んだ人間学そのものという本で、最初はむずかしかったが、繰り返し読むうちにその内容に引き込まれていった。その後も野球人として生きて行く上での最高の教材として大切にしている。手元にあるのは、草柳さんからお借りしたときの一冊で、お返ししなければと思っているうちに草柳さんが亡くなられてしまった。勝手に先生の形見だと思って座右においている。

私は試合後のコメントで、中国の古典の故事や格言などを使うことがよくある。これは草柳さんから借りた『活学』が入り口になって、中国の古典などに目を通すようになったからだ。古典の言葉を引用すると、ただ自分の言葉として話すよりもより的確に言いたいことの本質を説明できるような気がする。

我々の仕事は「言葉」、これに尽きる。現役のときは体を使った実践だったが、その後の評論家生活、監督生活ではまさに「言葉が命」になった。視聴者、聴衆を引きつけるのも、選手を納得させるのも、的確に練られた言葉でないとうまくいかない。

リーダーは、その言葉に選手たちがどれだけ胸を打たれるか、感動されるかで値打ちが決まる。「ああ、勉強しているな」「頭がいいな」ということが、言葉で伝わらなければならない。

言葉の持つ力、本の力を教わったという点で、草柳さんは、本当の恩師だったと改めて思う。

「野村スコープ」誕生秘話

言葉に説得力を持たせるには、自分の体験の意味をしっかり摑《つか》んでいること、いろんな分野の本を読み、知識を蓄えて言葉を豊かにすることが必要になる。

しかし人を説得するには、時に、言葉だけでは足りないこともある。特に、映像の世界では、言葉と同じくらい目に見えるものを材料に説得の方法論を考えないと、受け入れてはもらえない。

映像の世界で、私が多少なりとも評価された仕事というと、テレビの「野村スコープ」だろうか。

私は評論家時代、主にテレビ朝日で解説をやらせてもらっていた。ある年のシーズンオフ、テレビ朝日のディレクターの稲田さんが私の家に訪ねてきた。中継のことで相談があるのだという。

稲田さんは、「プロ野球の実況中継は完全にマンネリ化している」と嘆いた。「いつもいつも、解説者とアナウンサーふたりの問答だけではワンパターンで、視聴者に飽きられてしまう。何かいいアイディアはありませんか」と深刻な顔で相談された。

私も自分でやっていて、会話のやりとりだけで視聴者に野球の面白さがうまく伝わっているのだろうかと、ときどき心配になることがあった。

だが、それに代わる新しいアイディアといっても、簡単に思い付くものではない。ふたりでいろいろ頭をひねるうちに、一つの考えが浮かんだ。

私は解説の際、ふだんからデータをとっていた。投手の配球を中心に多角的なデータをとり、分析の材料にしていた。これを実況で使えたら面白いのではないか。

「たとえば、画面にストライクゾーンが出て、ここに投げたら打たれる、ここに投げたら抑えられるといった具合に、ストライクゾーンの上に投球を配置し、解説者がそれを説明する。そんなのができたら面白いとは思いますが」

私がそう言うと、稲田さんは「それはいい」とすぐ乗り気になった。しかし、私はうまくいくかどうか半信半疑だった。ビデオに録った画面に後からストライクゾーンを入れてゆくならともかく、実況の中で画面にストライクゾーンが入り、そこに投球が重なるなんてことが技術的に可能なのか。「実況中にやるのはむずかしいんじゃないですか」と言うと、稲田さんは「面白いアイディアなので、技術の連中と相談してみます」と言って帰って行った。

それから一週間ほど経って、稲田さんから電話があった。「何とかできそうです！」と興奮気味である。技術の人たちの工夫で、私のアイディアが画面に乗ることになったのだ。

オフの間にテストを重ね、新しいシーズンのオープン戦で、「野村スコープ」はデビューした。確か舞台は西武と日本ハムの対戦だった。ドル箱の巨人戦ではなく、比較的人気のないカードを選んだのは、その対戦なら「変なものが画面に出てうるさい」などと苦情を言ってくる視聴者もあまりいないだろうと考えたからだ。

ところが、いざやってみると、野村スコープは大ウケだった。「あれはいいアイディアだ」とか、「野球を見る楽しみが広がった」などといった反響が局に寄せられ、公式戦が開幕すると、私の解説する試合では、必ず取り入れられるようになった。

テレビ朝日は、「野村スコープ」に対して社長賞を出した。なんと私がテレビ局の社長から賞を受けることになったのだ。といっても、こちらは、野球の表彰ならともかく、テレビ局の社長賞と言われてもピンと来ない。

「何ですか、それは？」と尋ねると、稲田さんは「野村さん、社長賞はめったに貰える賞じゃありません。ホームラン王を獲るよりむずかしいかもしれませんよ。何しろウチの局では、ドラえもんなど三つの番組しかもらったことがないんですから」と言われた。

「野村スコープ」は「ドラえもん」と肩を並べたわけだ。

私は社長室に出かけていって、ありがたく賞状を頂戴した。我が家では、野球のタイトルを獲って貰った賞状は飾っていないが、この社長賞は今でも飾ってある。

「野村スコープ」は、なんとか言葉以外でも視聴者を説得する方法はないかと考えた末に生まれたものだ。私が続けてきた情報収集と配球分析の蓄積が、テレビという画面でより説得力を持って伝わるようになったのではないかと自負している。こうした、人のやらない工夫が評価されることはうれしい。賞状を飾ってあるのは、状況に応じた創意工夫を忘れるな、という戒めのためでもある。

シダックス監督就任

選手でも監督でも、プロのユニフォームを着てグラウンドで戦っているときは、自分のなかに何かを蓄積するよりも、それまでに蓄積したものを使うことばかりが多くなる。放出ばかりで充電する暇がないのだ。

その点、私は現役を引退したあと評論家生活を九年、阪神タイガースの監督を辞めたあと社会人野球のシダックスの監督を三年やらせてもらった。合計十二年間、外からプロ野球を眺められた経験は、さまざまな形で私の財産になった。絶好の充電になった。

野球解説者は現役時代から、引退した後はやってみようと思い、それなりに準備をしていたが、シダックスの監督の場合は、少し事情が違った。

以前から私と家内は、シダックスの志太勤会長と懇意にさせてもらっていた。会長と奥様、そして私たち夫婦の四人で、毎年必ず二回は会食する。志太会長は一つ年上の先輩で、私と同世代だったので、いろんなことで話が合った。

阪神の監督を辞めて浪人生活をしていた時のことだ。志太会長と恒例の食事会の席で、「野村さん、ウチのチームの監督を引き受けてもらえませんか」と、突然切り出された。突然のことで驚いた。

志太会長が、社会人チームを持っていることはもちろん知っていたが、どれくらいのレベルにあるのかなど、細かいことは全然知らなかった。会長によると、チームをつくって、都市対抗優勝を目指してはみたものの、なかなか強くならない。東京からは都市対抗に二チームも出場できるというのに、ここ二、三年は本大会出場さえ逃している。チームの運営費用も思ったよりもかかる。このまま強くならなければ、廃部にしようかとも思ったが、その前にもう一度チャレンジしたい。ついてはあなたの力が借りたいと言うのである。

自分のチームを強くしたいという志太会長の熱意はよくわかったが、プロの監督経験者が社会人チームを率いるのは簡単ではない。日本の野球界にはいろいろな制約があるが、プロとアマの垣根は、その最大のものだ。

「私がやって大丈夫なんですか」と聞くと、「日本野球連盟（社会人野球の統括団体）の山本英一郎会長に許可を得ている。問題はありません」と言う。「それなら」とシダックス監督を引き受けることにした。

傍から見ると、簡単に引き受けたように思えるかもしれないが、私は以前からアマチュア野球に興味を抱いていた。そのはじまりはプロ入りの頃にまでさかのぼる。

私はテスト生で入団したものの、「壁」（ブルペン捕手）要員とみなされ、自分でも一軍で長く活躍できるなど思ってもいなかった。だから、プロとして三年ほどプレーして、野球の専門知識を身に付け、あとは高校野球の指導者になりたいと考えていた。私の故郷の京都・丹後地方からは、まだ甲子園出場を果たした学校はない。

「だったら、私が自分の母校に戻って、生徒を鍛え、甲子園に連れて行ってやろう」

そんな夢を抱いていたのだ。

その後、プロでプレーし、監督も経験したが、若く、妙なクセに染まっていない高校生、特に弱い学校の生徒を鍛える監督の仕事をやってみたいという気持ちは変わらずに持ち続けていた。だから志太会長から誘いを受けた際、案外すんなり引き受けることができた。

見えないものが見えた

シダックスは都市対抗に出場したこともあるそれなりの実力は持ったチームだったが、私は志太会長が期待するような成績を収めるようになるにはかなり時間がかかるだろうとみていた。個人の技術を向上させ、私の考えを浸透させて、頭を使ったプレーができるようになるには、ヤクルトスワローズでも三年かかった。しかもヤクルトは例外的にうまくいったケースだ。もしかしたら、五年、六年、あるいは私一人では無理かもしれない。

それでも、阪神タイガースのユニフォームを脱いだ際、もう、プロのユニフォームに袖《そで》を通すことはないだろうと思っていたので、最後の仕事として、若い頃からの夢であるアマチュアの指導をやってみるのは悪いことではない。シダックスの赤いユニフォームに袖を通すと、今までにない情熱が湧き上がってくるような気がした。

シダックスを引き受けてみて、一番の発見は選手の意識だった。選手たちにはプロ志望者もいれば、社会人としてなかば楽しみながらプレーしたいと考える者もいるだろうから、その温度差を埋めるのが大変だろうと思っていた。

ところが訊《き》いてみると、チームの全員がプロを目指していると口を揃える。これには驚いてしまった。「プロというのは、これだけ多くのアマチュアの選手たちに熱望されている存在なのか」と改めて教えられた。この事実を、今プロで実際にプレーしている選手たちに教えてやりたい。心からそう思った。

プロを熱望しながら、なれない選手がたくさんいる。その中で、プロ野球選手になり、ファンの声援を浴びて、高給を取っている自分たちはどんなに幸せか。そのことを感じ取って、頑張ろうというエネルギーに変えて欲しいとつくづく感じた。

プロで活躍したいと願う選手たちとめぐり合って、チームの強化は思いのほかうまく進んだ。変に色がついていない分、私の考えが浸透するのもスムーズだった。

就任一年目の二〇〇三年、シダックスは東京都予選を勝ち抜いて、都市対抗に出場した。本大会での最初の相手はトヨタ自動車である。世界のトヨタ、社会人でも実績のあるチームが相手では組織力で勝負にならないと思っていたら、幸いにも勝つことができた。あとはとんとん拍子で、決勝まで進出してしまった。思いがけない順調な勝利の連続で、あんなに気分のよかったことはなかった。

決勝戦の相手は三菱ふそう川崎である。試合は三点リードし、エースの野間口貴彦（現・巨人）も好投して七回まで進んだ。七回、ふと、私の頭に「このまま優勝してしまっていいのかな」という思いが浮かんだ。何もかも順調に運びすぎている。それにプロの監督だった私が就任一年目で社会人野球の最高峰の大会である都市対抗に優勝してしまったら、社会人野球の関係者たちはどう感じるだろう。アマチュアで苦しい財政や選手の獲得難を乗り越えながら頑張ってきた人たちが虚しさを感じてしまうのではないか。プロとして指揮を執っていたときには感じたことのない、「これでいいのか」という気持ちに、突然、襲《おそ》われてしまったのだ。

こうした迷いは、必ず勝負に影響する。七回、エースの野間口が先頭打者にいきなりカーンとセンター前に打たれた。野間口は連投で来ていたので、疲労がたまっているのは私も承知していた。いつもの私ならスパッと交代させていただろう。しかし、この日はなぜか、交代の決断ができなかった。「ここまで来たら野間口と心中だ」と考えてしまったのだ。

この日の野間口は疲れのせいかストレートが走らず、組み立ては変化球中心だった。だが、変化球中心の組み立ては回が深まるにつれて相手が慣れてくる。少し調子が悪くても、目先を変える意味で、ストレート中心の組み立てに変えてよいタイミングだった。ところが、その指示もなぜか出しそびれた。

結局、野間口は変化球を痛打され、四球で崩れて同点にされてしまった。ようやく投手交代を指示したが、「時すでに遅し」で、逆転され、シダックスは優勝を逃してしまった。勝てる試合だった。エースを信頼したのも間違いではない。ただ、エースに頼りすぎ、リリーフを信頼し切れなかった。「エースと心中」という考え方は、ほんとうの大エースがいるプロの考え方で、絶対的なエースがいるわけではないアマでは危険な考えといえる。

大会が終わってしばらく経ったある日、私は日本野球連盟の山本会長にお目にかかる機会があった。私は、決勝戦の七回のベンチで感じたことを、山本さんにぶつけてみた。

「あのとき会長は、シダックス負けろ、シダックスに優勝させてはダメだとお考えだったんではありませんか」

山本さんは「よくわかったな」というような顔で答えた。

「おっしゃる通りです。プロでやってきた監督がフッとやってきて、一年目に優勝をさらわれたんじゃ、社会人でやってきた他の監督、選手の立場がない。それまでの苦労は何だったんだということになる。だから、シダックスには勝って欲しくなかったんですよ」

正直に胸のうちを明かしてくれたので、私も腹は立たなかった。「やはり考えるところは同じなんだな」と笑い合ったのを覚えている。

今にして思えば、シダックスが社会人の頂点に立てるただ一度のチャンスだったので、勝ちを逃したのはやはり悔しい。私を誘ってくれた志太会長に申し訳ない気持ちもある。しかし、アマでプレーする選手、監督のプロに対する気持ちを知ることができただけでも、シダックスの四年間は意義があったと思う。プロの世界では見えない世界が見えた瞬間であった。

有終の美を目指す――「東洋の魔女」訓

私はチームを預からせてもらう際、三年をひとつの目安にしている。ヤクルトで初優勝したのは就任三年目だった。ホップ、ステップ、ジャンプで進めればいいと思っていたチームの強化がほんとうにその通りうまくいった。

阪神の場合は野球以外の問題もあってたまたま三年でユニフォームを脱いだが、そうした問題がなくてもやはり監督は続けていなかっただろう。後任に西本幸雄さんや星野仙一を推薦した背景には、阪神のような甘えの体質のチームは、理を重じる自分よりも熱血漢の人が鍛え直さなければ強くならないと悟ったからだ。それを知るのに三年かかったわけだ。

シダックスでも三シーズン。そして楽天を引き受けて今年で三年目を迎えた。チームは、私の前任者の田尾監督の年から数えると、創立から三年が経過した。「石の上にも三年」というが、この三年は、ゼロから出発しての基礎づくりの時間だった。本当の勝負はこれからだろう。

私自身も二シーズンやらせてもらって、まだまだやり残したことが多いと感じている。最低でもAクラス、プレーオフに進出し優勝争いに加わってゆきたい。

よく、「有終の美を飾って、もう一度優勝して、あの世に行きたい」などと言うと、周りは「また冗談を」と笑うが、決して冗談だけで言っているのではない。

自分にとってもチームにとっても勝負の年なのだが、選手たちの練習に取り組む姿勢を見ていると、どうも不満を感じることが多い。どんな練習でも、ただやらされているのではなく、自分で目的をはっきりさせて取り組んでもらいたい。そのあたりの私の教育が足りないせいもあるのだろうが。

スポーツは実力の世界、競争社会だ。情実やコネが通用する世界ではない。サラリーマンには休みはあるが、プロ選手には、基本的には休みはない。チーム練習は休みでも、常に練習をする気構えを忘れて欲しくない。

私は二十代後半の現役時代に、あるスポーツ新聞社から、対談の企画を依頼されたことがあった。「誰か会いたい人はいませんか。お好みの女優さんでもいいですよ」と言われたが、女優さんと会って、にやけていても仕方がない。「とんでもない。それよりも会いたい人がいるのでお願いします」と全く違う人物を指名した。

私が対談相手にお願いしたのは、「東洋の魔女」を率いて、東京オリンピックで金メダルを獲った女子バレーボールのニチボー貝塚の大松博文監督だった。大松さんは対談は受けてくれたが、練習場を離れるわけにはいかないというので、大阪府貝塚市にある工場敷地のなかにある練習場まで出かけていって話をすることになった。

対談の前に練習を見せてもらった。スパルタ式の「鬼の大松」と言われるだけあって、とにかく厳しい。レシーブの練習は倒れ込んでボールを受けても、容赦《ようしゃ》なく次のボールが飛んでくる。実際の試合ではレシーブのあと、すぐに立ち上がらなければならないので、そういう練習になるのだが、打ち込まれるボールはまるで機関銃のようだった。

それ以上に驚いたのは罵声《ばせい》だった。うまくできない選手を監督が容赦なく罵倒する。とても文字にできないような酷《ひど》い言葉で、大声で野次られる。しかし、選手のほうは平気な顔で耐えている。「これは凄い世界だな」と私は呆気にとられた。

話をうかがうと、大松監督は、「一年三百六十五日、一日も練習を休まない」と言われた。

「正月もありません」と言う。なぜそこまでやるのかと尋ねてみると、「一日休めば、元に戻るのに二日かかる」と言うのだ。

私は、プロ野球の甘さを痛感させられた。私も練習嫌いではなかったが、当時、二十代後半の私は、まだ大松監督の域には達していなかった。しかも大松さんやニチボー貝塚の選手たちはアマのサラリーマンである。当時は今よりもアマの規定がずっと厳しかったから、金メダルを獲ろうが世界で勝とうが、給料は他の工員さんたちと変わらないのだ。オリンピックで金メダルを獲るという名誉と誇りのために、これだけの練習をされている。それに対して自分たちは高給を貰っているプロである。厳しさを見習わなければならないと思ったものだ。

あの厳しさをそのまま今のプロ野球選手たちに求めるのは無理だろう。時代も違うし、育ってきた環境も違う。指導者だって、大松監督のようなやり方をしていたら、選手はみんな逃げ出してしまうか、裁判沙汰にでもなりかねない。

だからといって、「限界」の手前でそこそこの練習をしていればいい、と言うものでは決してない。特に、ゼロからスタートした楽天のようなチームは、他の伝統あるチーム以上にその厳しさが求められる。

見ろ、考えろ、備えろ！　山﨑武司二冠王へのヒント

私の求める厳しさは、何も肉体を痛めつけるようなものだけではない。

「頭を使って、見ろ、考えろ、備えろ！」

いつも口癖のように楽天の選手たちに言って聞かせているのだが、この「見ろ、考えろ、備えろ」の知力の戦いに厳しさを求めたいのだ。

就任した当初は、ダグアウトで見ていると、まだまだ漫然と試合を眺めたり、休憩しているような選手が多かった。体を休め、気合を入れ、バットを持ったらスコーンと打つ。意図が感じられないプレーが目立った。

だが、それではプロとしては失格だ。相手バッテリーの動き、配球をしっかり見て、その意図を考え、データを活用し、自分が打席に入る前に「準備」をする。二年間チームを見てきて、ようやくそうした考え方が定着してきた気がする。

代表的な選手が本塁打と打点の二冠を獲った山﨑武司だ。彼は中日時代の一九九六年に本塁打王を獲ったこともある打者だが、オリックスを解雇され、楽天に拾われる形で入団

してきた。

楽天に来た最初の年は二十五本、私の監督就任一年目にも十九本と、大砲のいないチームにあって、まずまずの本塁打を打ってくれたが、三十八歳という年齢から考えて、そう大きな期待はかけられないと思っていた。

ところが二〇〇七年はコンスタントに打ち続け、四十本の大台を超えて、自己最高の成績をおさめ二冠のタイトルを獲得してしまった。

山﨑に関しては、私は「再生工場」を稼動させたりはしなかった。もう、大ベテランで、特別な技術指導は必要ないと考えたのだ。本人が自分をどう捉えているかが問題で、天性だけで振り回して現役の最後を思い切りやろうと思っているのか、何かの形でチームに貢献しようとしているのか、本人の自覚次第だろうと見ていた。

注意して見ていると、打撃に少し変化が表れてきたような感じを受けた。以前は恵まれた天性、本能だけでプレーしているように見えたのが、相手の投球や試合の状況を考えて打撃を心がけているように感じられた。不惑を前に考えるところがあったのだろう。

シーズン中、インタビューに答えて、「監督のミーティングで考えが変わった」と語っていたようだが、具体的にどんな話がヒントになり彼を変えたのかまでは聞いていない。

ただ、本塁打王にまでなった男が、なお、「見ろ、考えろ、備えろ！」を実践し、新境地を切り拓いたことは、チームにとって貴重だと思う。

二〇〇八年二月、沖縄・久米島の春季キャンプにおいて、山﨑は眼の色が違っていた。チームのリーダーとしての自覚が備わったと同時に、「たまたま昨シーズンは二冠王になった」などと言われてたまるか！　という男の覚悟と反骨心が滲み出ていた。

二年目の昨シーズン、私は新人を積極的に起用した。マー君こと、田中将大は期待以上の活躍をしてくれたし、大卒ルーキーの永井怜も勝ち星をあげた。投手陣には確実に柱になるような人材が育ってきている。あとは捕手だ。古田が一人前になることで、ヤクルトの黄金時代が来たように、楽天も優勝争いの常連になるには、信頼できる捕手を育てておく必要がある。

私は、楽天新人の嶋基宏をレギュラー捕手として起用した。我慢して使った甲斐があって、守り、リードはだいぶ成長してくれた。他の捕手を起用しているときと比べて、結果も内容も明らかに違いが見えるのだ。ただ、打撃があまりに酷《ひど》い。現代のプロ野球で打率が二割に届かないのでは話にならない。

「嶋よ、三割を打つのもむずかしいが、一割台で終わるのもむずかしいぞ。俺が現役なら一割台で留めてくれと言われたら困ってしまうわ」

冗談交じりにそんな話をしたら、流石に苦笑していた。

リードは安定しているが、不満を言えば、安全策を取り過ぎることか。ひとつの型をつくり、そこから出て行こうとしない。「打者の動きを見ろ。ボールを投げたときの反応を見ろ。見えなかったら感じろ」と注意するのだが、どうしてもワンパターンに陥ってしまう。状況にしっかり対応できないのだ。もう少し「見ろ、考えろ、備えろ！」が自分のものになってゆけば、チームの軸としてマスクを被ってくれるのではないか、と思っている。

FA制度は誰のためにあるのか

日本からメジャーリーグに移籍する選手が年々多くなる。松坂大輔がいなくなったと思ったら、今度は中日の福留孝介に広島から黒田博樹。ロッテからも小林雅英、藪田安彦がメジャーに行った。対戦相手だけかと思っていたら、なんと楽天からも福盛和男がメジャーのユニフォームを着ることになった。

FAでの権利を使っての移籍だから、文句を言うのはおかしいのかもしれないが、このままメジャー流出する一方では、日本のプロ野球界はメチャメチャになってしまうだろう。

私が現役でプレーしていた頃のメジャーはレベルが高く、日米野球でやって来ても、勝てる気がしなかった。マスクを被っていて、何のサインを出していいかわからない。どこに投げても打たれそうな気がした。

ミッキー・マントルのパワーに度肝を抜かれた話はすでに書いたが、その他にもすばらしい選手がたくさんいた。

現役時代、ペナントレースのあと、ワールドシリーズを観戦しに行ったことがあった。パイレーツとオリオールズの試合だった。見ていて、パイレーツの選手の一人に眼が釘付けになってしまった。外野手だったが、足は速い、守備はいい、肩も強い、おまけに打撃もすばらしい。本塁打も二本打って優勝に貢献した。イチローに長打力を加えた選手とでも言ったらわかりやすいだろうか。伝説の外野手、ロベルト・クレメンテだった。クレメンテは翌年に飛行機事故で世を去ってしまった。その報《しら》せを聞いたとき、悲しい気がしたのと同時に、あのとき彼のプレーが見られてほんとうに幸運だったと思ったものだ。

クレメントは地震の起きたニカラグアに支援物資を積んで乗り込む途中に事故に遭ったのだそうだ。その精神を伝えようと、メジャーでは社会貢献に努力した選手に「ロベルト・

クレメント賞」を与えている。クレメンテの偉大さがわかる。

マントルやクレメンテがプレーしていた頃に比べると、現在のメジャーはだいぶレベルが低下した。野球人口はそれほど変わらないのに、チーム数が倍近くまで増えたのだから当然だろう。日本の選手に手が伸びるのも、日本人選手のレベルが向上したのとは逆にメジャーのレベルが下がったからだ。

ブレーブスのコーチをしていたパット・コラレスに言わせると、「昔なら3Aクラスの選手が、今は大きな顔でメジャーのユニフォームを着ている」のだという。

私の現役時代は、日本でプレーする外国人選手のレベルも高かった。今は、現役メジャーリーガーという触れ込みでやって来てもさっぱりということがよくあるが、以前は3Aクラスでも、日本に来ればタイトル争いに絡む。メジャーで経験のある選手は見習う点が多い連中ばかりだった。

南海でいっしょにプレーし、のちに参謀役になってもらったブレイザーは、野球を見直し、掘《ほ》り下げるチャンスをくれた。私が三冠王になった際、最後までタイトルを争った阪急のスペンサーなど絶対に気を抜けない強烈なライバルだった。

投手でも、南海のエース格だったスタンカや阪神の柱だったバッキーなどは、メジャーの経験はなくても、たいていの日本人投手よりも頼りになった。

それに比べると、今はどうだろう。来日する外国人選手で、すぐにエースや四番が務まる選手が何人いるだろうか。

レベルが下がって自分たちでもプレーできる可能性が出てきた。その上、待遇はずっといいとなれば、日本を捨ててメジャーでプレーする選手が多くなるのは当然だ。

球団の経営者たちはこのことを真剣に考えなければならない。身の丈にそぐわない高額年俸で選手を縛っておけなどというつもりはない。金権野球はどこかのチームにでも任せておけばいい。ただ、待遇の面でも、できることはたくさんある。例えば選手の年金制度。今は月に九万円、私の頃はわずか四万円だった。とても生活できるような額ではない。

メジャーは五年、十年プレーすると、家族全員が生活できるような年金がもらえるようだ。その代わり、マイナーで終わった選手はほとんど何ももらえない。格差社会の典型である。

FA制度なども見直しが必要ではないか。結局FAを利用しているのは巨人、阪神など財政の豊かな一部の球団だ。ところが、その球団が強くなっているかというと、決してそうではない。巨人などFAで選手をかき集めているのに、優勝は逃す、人気は下がるでチームのためになっていない。恩恵を被っているはずのチームがそんな有様なのだから、こうした制度を続けている意味はない。選手が流出して球団の存続が危うくなるチームが出る前に、止めてしまったほうが賢明だろう。

いい仕事は必ず誰か見ていてくれる

今の若い選手たちは、格好よくプレーしたい。格好よく見せたい、と考えてプレーしている連中が多い。チームメイト、首脳陣や相手の選手、ファンやメディアにどう映っているのか、どういう評価をしてくれているのか、気にし過ぎるきらいがある。

ある程度の実績を残した選手が、そうした周りの評価を気にするのはわかる。だが、碌《ろく》に実績もあげていない選手がそんなことを気にしてプレーに集中できないようでは困る。

私も現役時代は、自分のプレーに対する評価が気になった。特に、捕手という日の当たらないポジションをやっていたので、「もっと自分のプレーを評価して欲しい」「真価を認めて欲しい」といつも思っていた。

あるとき、師と仰いでいた草柳大蔵さんに、「いくら一生懸命やっても捕手という仕事はさっぱり評価してもらえない。誰にも見てもらえない。どうしたらいいんでしょう」と訴えたことがあった。そのとき、草柳さんは、ニコニコしながら私を諭してくれた。

「野村さん、そうじゃない。誰も見ていないなんてことはない。よい仕事をしていたら必ず見てくれている人がいる。ものの見えない人が千人いれば、ものの見える目利きの人だって必ず千人いるものなんだ。誰に見られているなんてことは考えずに、今まで通りにおやりなさい」

そう言われて、随分と気が楽になった。いい仕事は必ず誰かが見ていてくれる。そう思うと、きつくて地味な捕手の仕事も苦にならなくなった。

長い現役生活の中で、草柳さんの教えを実感するような体験もあった。

私は王貞治についで歴代二位の通算本塁打を打っている。王は後輩だから、私が途中で抜かれたわけだ。五歳年下の王がハイペースで追い上げてきたとき、私は何とか六〇〇号までは先に到達したいと考えていた。

一九六五年に山内一弘さんを抜いて歴代一位になった私は八年間守り続けてきた王座を簡単に明け渡したくなかったのだ。一九七三年、いよいよ王が近くに迫ってきた。私はメディアには、「ワンちゃんには簡単に抜かれてしまうさ」と無関心を装っていた。だが内心は、やれるところまで抵抗してやれと闘志満々だった。

八月八日に王が五六三号を打って私に並んだ。十日にはふたりが一本ずつ打って併走、翌十一日には私が打ってまた先に出た。王が並ぶ。先に出る。私が並び返す。また王が先に出て、私が並ぶ。そんな戦いを実に三週間も続けた。王に二本差をつけられ、勝負が決したのは八月二十九日だった。

最初はこの戦いに気付く人はいなかった。しかし、当時、報知新聞の記録部長をしておられた宇佐美徹也さんだけは、私の抵抗を見ていてくれた。それを知ったのは引退してからのことである。

私は解説のために、宇佐美さんにいろいろな記録を尋ねたり、引用の許可をもらったりしていたが、あるとき、話がたまたま通算本塁打のことに及んだ。

「あのときは随分、凄い抵抗をされましたね」

宇佐美さんは「ちゃんと知っているよ」というような顔でそんなことを言った。あのとき程うれしかったことはない。自分ひとりの孤独な抵抗だと思っていたのに、ちゃんと見ていてくれた人がいたのだ。「いい仕事は必ず見ていてくれる人がいる」

そのとき程、草柳さんの教えを実感をもって思い出したことはない。

あとがき

――自己コントロールとは、欲から入っていかに欲から離れるかにある

キャンプからオープン戦、そしてペナントレース。また新たなシーズンがはじまる。はじまる前は長いように思えても、はじまってしまえば、あっという間に終わってしまう。シーズンのなかで何かを修正して、よい結果を出すのはむずかしい。だからこそ、しっかりした「準備」をしておかなければならない。

私の同世代はだいぶ鬼籍に入った。仰木彬が去り、南海でバッテリーを組んだ杉浦忠、皆川睦男、木村保が去り、去年は稲尾和久までが先立った。七十代でユニフォームを着ているのは私だけになった。当然、淋しさは感じる。

だからといって、欲はなくなってはいない。楽天ではまだまだやり残したことがある。このチームでプレーオフに出てみたい。できることなら優勝して、有終の美を飾りたい。その気持ちは消えてはいない。

私は、「自己コントロールとは、欲から入っていかに欲から離れるか」が最重要だと信じる。これが勝負事における最大のテーマだと考えている。絶好球が来たと思って、ほんの〇・何秒かあせってバットを振り、チャンスをふいにする。最後はストレートで格好よく三振を取りたいと欲を出して痛打を浴びる。欲から入って欲を離れることができず、失敗した例をこれまでにも数多く見てきた。

だからといって、欲望そのものがなくなっては進歩はない。では、進歩とは何か。私は自問自答する。

人間、沈まないとジャンプはできない――それが謙虚さであり、素直さである。それがなければ進歩はない。「感謝」というのは、人間形成の基本中の基本である。これが無形の力――すなわち考える力、感じる力、備える力の基である。

傲慢な人間には、現状維持も伸び率もない。ただ下降線を辿《たど》っていくのみである。そしてどん底に落ちきって、気付くのである。人間の悲しい性《さが》である。

〝進むときは上を向いて進み、暮らすときは下を向いて暮らせ〟

私が七十二年の人生から得た教訓である。

私はまだ欲を持っているのは確かだが、そこからいかにうまく離れられるかどうかは、これから先の戦いにかかっている。そういう点では、古希を過ぎてもまだ勝負師として完成の域には達していないのかもしれない。

私は、弱者の戦いに挑み続ける。

野村克也

TOSIN
東新住建 東新ハイトス
東北電力
読売新聞
ひとめぼれ
ブルガリア
DoCoMo

BOSS
Coca-Cola
楽天
デンコードー
エビスビールあります。
ANA
ONWARD
HITACHI

野村の「眼」
弱者の戦い

２００８年３月３１日　初版第一刷発行

著者　野村克也

発行者　栗原幹夫
発行所　ＫＫベストセラーズ
〒１７０－８４５７　東京都豊島区南大塚２－２９－７
電　話　０３－５９７６－９１２１（代表）
振　替　００１８０－６－１０３０８３
http://www.kk-bestsellers.com
印刷所　近代美術
製本所　ナショナル製本

ISBN978-4-584-13056-8 C0095